Ofn
yn y Nos

YR ADRAN GYMRAEG
YSGOL GYFUN GWYR

CW00724975

Argraffiad cyntaf: Mawrth 1996
℗ Hawlfraint Y Lolfa Cyf., 1996

Mae hawlfraint ar gynnwys y llyfr hwn ac
mae'n anghyfreithlon i lungopïo neu
atgynhyrchu unrhyw ran ohono trwy unrhyw
ddull ac at unrhyw bwrpas (ar wahân i
adolygu) heb ganiatâd ysgrifenedig y
cyhoeddwyr ymlaen llaw.

CBAC

Cyhoeddwyd dan nawdd Cynllun Llyfrau Darllen
Cyd-bwyllgor Addysg Cymru.

Rhif Llyfr Rhyngwladol: 0 86243 372 X

Cyhoeddwyd yng Nghymru
ac argraffwyd ar bapur di-asid a rhannol eilgylch
gan Y Lolfa Cyf., Talybont, Ceredigion SY24 5HE
e-bost ylolfa@netwales.co.uk
y we http://www.ylolfa.wales.com/
ffôn (01970) 832 304
ffacs 832 782.

Ofn
yn y Nos

GREVILLE JAMES

Cyflwynaf y gyfrol hon

i'm hwyrion

Cian Llŷr a Bleddyn Llŷr

a'm hwyres

Mali Angharad

Hoffwn ddiolch yn garedig iawn i Cennard
Davies am ei gymorth a'i amynedd wrth
ddarllen y gwaith hwn, i Basil Davies ac Allan
James am eu cefnogaeth ac i'r tri chyfaill am eu
parodrwydd i wrando bob amser.

1

Teimlai Gareth Prys yn falch iawn fod ei wyliau wedi dechrau. Pythefnos yn Sbaen! Bendigedig! Fyddai dim eisiau poeni am y swyddfa am bythefnos cyfan.

Roedd e'n edrych ymlaen at y daith hir, ond yn fwy na dim at deithio ar un o drenau mwyaf cyflym y byd. Ie. Trên cyflymaf Ffrainc – *Le Train Grande Vitesse* – y TGV enwog. Teithio ar y trên enwog yma fyddai un o uchelfannau ei wyliau. Pwy oedd eisiau hedfan i Sbaen mewn hen awyren yn llawn o bobl yn yfed, yn bwyta ac yn gwneud sŵn fel plant ar drip ysgol? Na. Nid Gareth Prys. Teithio ar y TGV a chael blasu awyrgylch dinas Paris a'r Gare d'Austerlitz, un o'i gorsafoedd prysur a chyffrous, 'Y Fynedfa i'r De'. Wrth eistedd yn ei sedd yn y compartment moethus, gadawodd i'w gorff a'i feddwl ymlacio'n llwyr a gadael i'w lygaid syllu ar gyrion dinas Paris a'i goleuadau yn prysur ddiflannu. Roedd hi'n braf cael compartment i ti dy hun. Roedd y gweinydd oedd yn gofalu am y compartment wedi dweud efalle y byddai'n rhaid iddo rannu gyda theithiwr arall. Ond roedd y trên wedi cychwyn ar ei siwrnai a doedd neb wedi cyrraedd.

Yn sydyn fe gafodd ei feddwl ei dynnu o'i freuddwydion pan glywodd sŵn allwedd yn nrws y compartment. Trodd ei ben i weld y gweinydd yn arwain dyn i mewn.

'Mae'n flin gen i, *Monsieur*, ond. . .' mentrodd y gweinydd ond chafodd e mo'r cyfle i orffen ei ymddiheuriad. Fe wthiodd y dyn i mewn i'r cabin heibio i'r gweinydd ac ar yr un pryd taflodd olwg nerfus dros ei ysgwydd. Roedd yr ofn yn amlwg yn ei lygaid ac roedd dafnau o chwys ar ei dalcen ac uwchben ei wefusau. Fe gododd y gweinydd ei ysgwyddau wrth gau'r drws yn ei ôl.

Efalle ei fod e wedi bod yn rhuthro er mwyn dal y trên, meddyliodd Gareth. Dyna fe. Doedd dim trên arall tan yfory. Ie. Dyna fe. Roedd yr esboniad yn iawn. Ond. . . eto i gyd, roedd ofn yn ei lygaid a dydy ofn fel yna ddim yn dod oddi wrth un sy'n ofni colli trên. Mentrodd Gareth olwg arall arno, yn fwy manwl. Oedd. Roedd gwir ofn arno. Ddywedodd y dyn ddim, dim ond troi at Gareth, sylwi arno fe ac yna ysgwyd ei ben mewn cyfarchiad hanner-cwrtais.

Dyn tew oedd e, a thal hefyd. Roedd y dillad oedd amdano yn anniben iawn ac yn henffasiwn. Yn sicr, doedd ei esgidiau ddim wedi cael brws yn agos atyn nhw ers amser. Dyn truenus yr olwg. Dyn â neb yn gofalu amdano.

Sylwodd Gareth ar ei ddwylo gwag. Doedd dim bagiau ganddo. Sylwodd e ar Gareth yn syllu arno ac edrychodd yn embaras am eiliad. Fe daflodd Gareth 'Hylô' ato fe, ac fe atebodd e mewn llais digon nerfus.

'Y. . . Y. . . Rydw i'n flin 'mod i wedi. . . wedi amharu ar eich tawelwch. . .' gan daflu golwg frysiog dros ei ysgwydd unwaith yn rhagor. 'Mae'n flin 'da fi,' meddai unwaith eto, 'Doeddwn i ddim eisiau torri ar eich traws fel yna ond. . . ond. . .' ac fe daflodd e olwg dros y compartment cyn mynd ymlaen. 'Wel. . . y. . . Wel. . . dw i'n cael ychydig o drafferth mewn gwirionedd. . . A bod yn onest. . .' Ond orffennodd e mo'i eiriau, ac am eiliad neu ddwy roedd tawelwch llethol yn y compartment. Roedd y ddwy eiliad yna'n teimlo fel oes i Gareth.

'Na,' cynigiodd Gareth fel ateb i'w lygaid treiddgar, 'peidiwch ag ymddiheuro. Fe ddwedodd y gweinydd efalle y byddai'n rhaid i fi rannu gyda rhywun. Does dim ots gyda phwy nac oes?'

Eisteddodd y dyn i lawr yn nerfus iawn mewn sedd gyferbyn â Gareth, gan daflu llygaid ofnus a nerfus yn gyntaf at ffenest fach y coridor, ac yna at ei wats.

'Mae eithaf sbel gyda ni cyn cyrraedd Limoges,' dywedodd Gareth. Edrychodd y dyn ar Gareth bob hyn a hyn heb ddweud dim. Ond ymhen rhyw funud neu ddwy fe ddechreuodd e siarad a chyda llais mwy hyderus.

'Oes ots 'da chi os tynna i'r llenni? . . . Mae'n braf cael llonydd pan dych chi'n teithio'n bell, on'd yw hi? A. . . beth bynnag, does neb arall yn gallu dod i'r compartment nawr. Dim ond lle i ddau sy yntê?'

'Ie sbo,' atebodd Gareth yn ddigon cwta wrth i'w lygaid ddilyn yr hen foi yn symud at y ffenest fach. Fe edrychodd e i fyny ac i lawr y coridor cyn tynnu'r llenni fel petai e'n disgwyl cwmni. Diolch i'r drefn nad oedd eisiau tynnu llenni'r ffenestr fawr, meddyliodd Gareth. O leiaf roedd e'n gallu gweld y wlad yn rhuthro heibio.

'A. Da iawn,' meddai'r hen ddyn wrth sylwi ar gyflymder y trên. 'Rydyn ni'n dechrau codi stêm nawr. Mae'n rhaid ein bod ni allan o faestrefi Paris. Da iawn.' Ac fe sylwodd Gareth ei fod e bellach yn dechrau teimlo'n fwy cysurus yn y compartment. Ond wnaeth y teimlad yna ddim parhau'n hir iawn. Ar ôl ychydig o ymlacio tawel yn ei sedd fe ddechreuodd y dyn daflu ambell i olwg sydyn at ffenest y coridor unwaith eto. Roedd rhywbeth yn ei boeni o hyd.

*   *   *

Roedd dau ddyn yn gweithio eu ffordd i lawr coridorau'r trên gan daflu golwg sydyn drwy ffenestri pob compartment. Nid poen oedd ar eu hwynebau nhw ond blinder. Roedden nhw'n gweithio eu ffordd i lawr y coridorau yn drefnus. Un i bob compartment; ac wrth fynd heibio i bob un, pen y naill yn siglo'n nacaol at y llall. Roedd hi'n amlwg taw y dyn mawr â golwg Slav arno oedd y bos ac roedd y dyn arall, llai, â wyneb cadno, yn dilyn ei orchmynion. . . ac yn cario ymbarél! Roedd e'n ymddiheuro i'r teithwyr eraill am achosi unrhyw drafferth iddyn nhw wrth basio, ond doedd y dyn mawr ddim hyd yn oed yn cydnabod eu bodolaeth. Dyn creulon yr olwg. Dyn oedd yn amlwg yn cael ei ffordd ym mhob peth. Roedd eu bryd ar gyfarfod rhywun, ac roedd yr allwedd oedd yn llaw un ohonyn nhw yn eu galluogi i ddod o hyd i'r person yna.

*   *   *

Rwy'n gobeithio y bydd hwn yn mynd oddi ar y trên pan fydd yn cyrraedd Limoges, meddyliodd Gareth. Fe dorrodd y dyn ar draws ei feddyliau.

'Esgusodwch fi,' meddai, gan edrych i lygaid Gareth. 'Gaf fi ofyn. . . Ydych chi'n mynd yn bell ar y trên 'ma?'

'Ydw. Rwy'n mynd am wyliau i'r Costa Brava ond cyn hynny dw i eisiau mynd i weld bedd Sant Ignatius ym Manresa. Tref fach ar bwys Barcelona. Ydych chi'n ei 'nabod?'

'Manresa. Wel ydw'n iawn. Bedd Sant Ingnatius. Wel, wel. . . Mae'n dref hyfryd iawn heb fod yn bell o Fynachdy Monserrat. . . Dyna fynachdy ichi! Fe fydd rhaid ichi ymweld â'r lle. Adeilad gwych ar ben mynydd uchel, gyda golygfeydd i lawr at Barcelona a'r môr. Rwy'n 'nabod yr ardal yn dda iawn. Mae fy merch yn byw yn Barcelona ac rwy'n ymweld â hi bob hyn a hyn. Rydyn ni'n teithio o gwmpas yr ardal yn aml iawn. O ydyn. I Barcelona rwy'n mynd nawr. Rwy'n edrych ymlaen yn fawr iawn at weld fy merch Maureen.'

Edrychodd Gareth yn syn arno wrth iddo siarad fel pwll y môr.

O'r nefi bliw, meddyliodd, oriau eto gyda hwn. Fe fydd rhaid i fi dynnu llyfr allan a'i ddarllen drwy'r amser, neu fe fydd fy nerfau i'n rhacs hefyd cyn cyrraedd Barcelona.

'Neis iawn,' atebodd Gareth gyda rhyw wên fach ffug. 'Byddwn ni gyda'n gilydd am amser hir.'

'Os ydych chi'n mynd i Barcelona hefyd. . . wel

byddwn. . . Gadewch i fi gyflwyno fy hunan.' Ac fe gododd e ac estyn ei law at Gareth. 'Edward Kinsella. Yr Athro Edward Kinsella.'

'Mae'n dda 'da fi gwrdd â chi. Gareth Prys ydw i o Gaerdydd.'

'O Gaerdydd yn wir! Wel! Wel!'

Roedd e'n fwy hyderus nawr ac roedd ei nerfus-rwydd bron wedi diflannu.

'Ydych chi'n 'nabod y lle 'te?'

'Yn rhyfedd iawn roedd fy merch yn y coleg yno. Wrth gwrs, roedd rhaid iddi hi fynd i'r un coleg y buodd ei mam ynddo. I Abertawe yr es i. Ac yn rhyfedd iawn fe wnaeth Maureen ei gradd yn yr un pynciau â fi, sef Cemeg a Ffiseg.

'Ddywedoch chi taw Athro Cemeg oeddech chi?'

'Ie, dyna fe. Athro Cemeg. Rydw i wedi bod yn gweithio yn Harvard tan yn ddiweddar ac. . .'

Ond fe dawodd ei siarad yn sydyn. Fe gafodd Gareth y teimlad bod yr hen foi wedi sylweddoli ei fod e wedi dechrau dweud gormod amdano'i hunan. Fe drodd e'r cwestiynau at Gareth.

'Ydych chi'n. . . Ydych chi'n gweithio yn y ddinas?'

'Ydw,' atebodd Gareth. 'Cyfreithiwr ydw i. Dw i'n falch o gael dod allan o'r swyddfa am ychydig o haul Sbaen.

Fe siaradon nhw am Sbaen ac am Gaerdydd am ychydig a doedd e ddim yn edrych yn nerfus erbyn hyn.

Yn sydyn fe gafodd drws y compartment ei agor. Fe gafodd y drws ei lenwi gan gorff mawr. Dyn tywyll ei bryd. Fe edrychodd e o gwmpas y compartment yn gyntaf ac wedyn ar Gareth. Yna fe drodd ei olwg at yr Athro. Oedodd am ychydig ar lygaid yr Athro, cyn dweud mewn llais sinistr:

'Rydw i'n chwilio am rywun. Mae'n flin 'da fi eich styrbio chi.'

Fe dynnodd ei lygaid oddi ar yr Athro ac fe gaeodd e'r drws yr un mor sydyn ag roedd e wedi ei agor. Sut roedden nhw wedi cael allwedd i'r compartment? Fe fyddai'n rhaid i Gareth siarad â'r gweinydd am hyn.

Daeth tawelwch anghyffredin dros y compartment. Fe edrychodd Gareth ar yr Athro. Roedd ei wyneb fel y galchen. Roedd yr ofn wedi dod yn ôl ac roedd chwys ar ei dalcen ac uwchben ei wefusau.

'Ydych chi'n iawn, Athro?' gofynnodd Gareth gan edrych arno'n syn.

Ond doedd meddwl yr Athro ddim yn canolbwyntio ar gwestiwn Gareth. Fe groesodd Gareth ato fe ac eistedd wrth ei ochr.

'Ga i nôl diferyn o ddŵr ichi?'

Fe drodd yr hen ddyn ei ben at sŵn y siarad.

'Na. . . Na. . . Peidiwch â phoeni. fe fydda i'n iawn mewn munud.' Ac wedyn. 'Mae'n amlwg fy mod i wedi bwyta rhywbeth. . . siwr o fod. . . Na. . .'

Ond roedd e'n dal i edrych i gyfeiriad drws y coridor â'r un ofn yn parhau yn ei wyneb.

'Fydda i ddim eiliad,' dywedodd Gareth wrth godi. Fe deimlodd e law yr Athro ar ei fraich.

'Fyddwch chi ddim yn hir, na fyddwch chi?'

Pan edrychodd Gareth ar wyneb yr Athro fe

deimlodd e'n flin drosto. Atebodd Gareth ddim. Dim ond nodio'i ben.

Wrth gloi drws y compartment ar ei ôl roedd hi'n amlwg wrth wyneb Gareth ei fod e'n poeni hefyd. Cerddodd yn gyflym i lawr y coridor at y cerbyd bwyd. Wrth iddo groesi at y cerbyd nesaf fe wthiodd dau ddyn heibio iddo fe heb yr un gair o ymddiheuriad. Trodd Gareth i weld eu cefnau yn diflannu i lawr y coridor. Roedd un ohonyn nhw'n cario ymbarél. A dyma Ffrainc yng nghanol yr haf mwyaf poeth a sych ers blynyddoedd! Fe ruthrodd Gareth yn ei flaen i nôl dŵr i'r Athro.

* * *

Tra oedd Gareth yn poeni am ddod o hyd i ddŵr i'r Athro, fe agorodd y dyn mawr ddrws compartment Gareth yn sydyn a neidio i mewn gyda'i gyfaill yn ei ddilyn. Fe edrychodd e'n syth i lygaid yr Athro.

'Wel. . . Dyma ni o'r diwedd, Athro Kinsella. . . Dyma ni o'r diwedd. . . Rydych chi'n anodd iawn i. . .'

'Chewch chi ddim allan ohono i, Bulova. . . Dim.'

Roedd llygaid yr Athro yn pefrio gyda dewrder newydd ond fe anwybyddodd Bulova y geiriau'n llwyr gan droi at ei gyfaill.

'Dere! Yn gyflym! Fe fydd y ffŵl arall yn ôl cyn pen dim. . .'

Fe nesaodd Marcel at yr hen ddyn gan wthio'i

12

ymbarél ato.

'Hoffech chi brofi'r gwenwyn sy yn yr ymbarél yma? Hy? Mae'n ddyfais glyfar iawn.'

Fe bwyntiodd y peth yn fygythiol at goes yr Athro. Cododd yr Athro Kinsella ei goes a cheisio gwthio'r ymbarél i ffwrdd. Yna fe waeddodd:

'O. . . O. . .'

Fe gydiodd e yn ei goes. Fe drodd Bulova ar Marcel.

'Y ffŵl gwirion. Beth ddiawl wyt ti wedi wneud nawr? Bygwth! . . . Bygwth! . . . Dim ond bygwth! . . .' Ac fe wthiodd ei gyfaill at y drws. 'Fe fydd e'n farw mewn ychydig o funudau. A dyna'n cyfle gorau wedi mynd. . . wedi mynd am byth! Y ffŵl!' Aeth yn gyflym trwy bocedi'r Athro. Edrychodd yn sydyn dros gynnwys y pocedi gan godi ambell i eitem a'i thaflu ar y llawr gydag ochenaid ffiaidd. Yna gwthiodd ei gyfaill allan drwy'r drws gan ei ddilyn a gadael yr Athro â'i olwg tua'r nef a'i wyneb yn dechrau troi'n welw fel wyneb corff.

Roedd gwlad Ffrainc yn rhuthro heibio yn y tywyllwch pan gychwynnodd Gareth ar ei ffordd yn ôl i'w gompartment yn cario'r botel fach Perrier i'r Athro. Damio'r Ffrancod! Maen nhw'n cymryd eu hamser wrth archebu. Pan gyrhaeddodd Gareth y compartment fe welodd fod y drws ar agor ac roedd e'n cofio'n iawn ei fod wedi ei gau ar ei ôl. A nawr dyma'r drws ar agor. Edrychodd e i mewn i'r compartment yn hanner disgwyl rhywbeth. Ond doedd e ddim yn gallu dweud beth. Fe welodd e'r Athro yn hanner gorwedd ar draws ei sedd â golwg angheuol ar ei wyneb. Fe ruthrodd Gareth ato fe gyda'r botel ddŵr ond er yn wan fe wthiodd yr Athro y dŵr i ffwrdd.

'Y dyn. . . ymbarél. . .' sibrydodd e mewn llais gwan. Fe geisiodd e dynnu Gareth i lawr at ei wefusau. 'Yr ymbarél,' sibrydodd e eto, '. . . gwenwyn. . . yn. . . yn fy nghoes. . .'

'Beth? . . . Ymbarél? . . . Gwenwyn? . . . am beth rydych chi'n siarad ddyn?'

'Dewch. . . yn. . . nes,' meddai'r llais gwan. 'Peidiwch. . . sia. . . rad. . . dim. . . ond. . . gwran. . . do.'

Am funud fe ddaeth mwy o nerth yn ôl i'w lais. Roedd e'n ymdrechu'n ddewr.

'Gwrandewch. . . does dim. . . llawer. . . o. . . amser,' a chyda llawer iawn o ymdrech fe geisiodd y truan godi ei ben i gyfeirio at y papurau oedd ar y sedd. 'Ll. . . y. . . fr,' meddai. Ond roedd yr ymdrech yn ormod iddo a syrthiodd ei ben yn ôl. Edrychodd Gareth o'i gwmpas.

'Llyfr. . . Ie! Dyma fe!' meddai, gan ei godi o'r llawr a'i roi yn llaw yr hen ddyn. Agorodd yr Athro ei lygaid a cheisio edrych ar y llyfr yn ei law.

'Mae'n. . . rhaid. . . i'r. . . llyfr. . . gyrraedd. . . fy. . . m. . . merch. . . Mau. . . reen. . .' Roedd ei lais yn gwanhau eto. 'Plîs. . . rwy'n. . . er. . . fyn. . . arnoch. . . chi.' Roedd lliw ei wyneb yn llwyd pan dderbyniodd Gareth y llyfr o'i law oer a gwan. '. . . Bar. . . cel. . . ona. . . Maur. . . een. . .' Braidd roedd Gareth yn ei glywed.

Agorodd y dyn ei lygaid am eiliad ac edrych yn syth

i fyw llygaid Gareth. Teimlodd Gareth ias yn mynd i lawr ei asgwrn cefn a chyn iddo gael cyfle i ddweud dim wrth yr hen greadur, clywodd yr anadl olaf yn mynd allan o'i gorff ac aeth e'n llipa yn ei freichiau. Llithrodd corff yr Athro yn dawel yn ei sedd. Doedd dim ofn ar ei wyneb nawr.

Roedd yr Athro'n farw gelain.

2

Daeth Gareth ato'i hun yn araf. Fel petai e mewn breuddwyd, aeth ei lygaid at y llyfr oedd yn ei law. Llyfr poced cyffredin iawn. Edrychodd ar y teitl. Roedd e mewn Ffrangeg, gyda llun merch ifanc hardd â gwallt hir ar y clawr. Roedd ganddi wn awtomatig. Stori antur am sbïwyr oedd hi yn ôl pob golwg.

Dyna lyfr od i Athro Cemeg ei ddarllen. Fe droiodd e'n ôl at y dudalen gyntaf. Yno, o dan y teitl, roedd enw a chyfeiriad.

'Maureen Kinsella, 229, Ramblas, Plaza de Cataluña, Barcelona, España.'

Ie. Dyna ferch yr athro. Edrychodd e ar y cyfeiriad unwaith eto. Rhoddodd y llyfr yn ei boced heb feddwl. Roedd rhaid iddo chwilio am gymorth. Edrychodd e'n drist ar yr hen ddyn a'r llanast o bapurau o gwmpas ei gorff. Ei bapurau i gyd, ei waled wag ynghyd â manion o'i bocedi. Roedd popeth o'i eiddo ar y llawr neu ar y sedd. Roedd chwilio mawr wedi bod am rywbeth. Erbyn hyn roedd meddwl Gareth yn gorweithio. Mae'n well i fi beidio cyffwrdd â dim. Fe fydd yn well i'r Gard weld sut mae popeth. Fe fydd heddlu Ffrainc yn cael eu tynnu i mewn, heb os nac oni bai. Nid marwolaeth sydyn mo hon. . . ond. . . Ie. Roedd rhaid cydnabod y ffaith. . . llofruddiaeth. . . Dynion ag ymbarél gwenwynig!

Dyna ddywedodd yr Athro.

Pan drodd Gareth at y drws i fynd i chwilio am y Gard roedd teithiwr yn sefyll yn y coridor yn gegagored. Neidiodd llygaid y dyn at y corff, ac yna yn ôl at Gareth ac wedyn yn ôl at y corff. Gydag un golwg arall ar Gareth trodd e a diflannu i lawr y coridor cyn i Gareth gael cyfle i egluro dim.

Oedodd Gareth am funud. Yn yr eiliad honno ar ôl i'r dyn ddiflannu roedd ffurf arall wedi llenwi'r drws. Neidiodd ar Gareth a daeth pistol i lawr ar ei ben. Roedd lliwiau llachar o flaen ei lygaid ac fe deimlodd ei goesau'n rhoi oddi tano cyn iddo gwympo i mewn i bwll tywyll di-waelod.

*   *   *

'Brysia, Marcel, rhaid inni fynd â hwn gyda ni. Mae rhywbeth yn dweud wrtho i ei fod e'n gwybod rhywbeth. Fe awn â fe i'n compartment ni i'w holi'n fanwl. Fe gei di lot o hwyl yn holi hwn, Marcel. . . Edrycha i weld os oes rhywun yn y coridor.'

Fe gydiodd y dyn mawr yng nghoesau Gareth.

'Cydia o dan ei gesail, Marcel.'

Ond cyn i Marcel ufuddhau i'w orchymyn fe glywodd y ddau sŵn lleisiau yn gweiddi, ac yn agosáu atyn nhw i lawr y coridor.

'Dere, Marcel. Gad iddo!'

Ac fe ollyngon nhw Gareth i'r llawr. Ond chawson nhw mo'r amser i ddiflannu. Roedd y dyn a welodd Gareth, y Gard a dau ddyn arall wedi cyrraedd. Fe ddefnyddiodd dynion yr ymbarél y sefyllfa i'w mantais.

'A dyna chi. Rydych chi wedi cyrraedd,' dywedodd y dyn mawr tywyll wrth gyfarch y newydd-ddyfodiaid. Roedd y dihiryn yma'n dianc. . . Fe. . . fe wthiais i fe yn ôl i'r compartment. . . ac. . . ac fe fwrodd ei ben yn erbyn y drws. Ie. Fe fwrodd ei ben yn gas.'

'Dyna fe! Dyna'r dyn oedd yn mynd drwy'r papurau ar y sedd. Roedd hi'n amlwg wrth ei olwg bod rhywbeth o'i le ar yr hen ddyn,' gwaeddodd y tyst wrth y lleill gan bwyntio at Gareth oedd yn gorwedd yn anymwybodol ar y llawr.

'Da iawn, Syr!' atebodd y Gard gan edrych o gwmpas. 'Nawr. . . rhaid i fi gael sicrwydd am gyflwr y ddau yma ac wedyn galw'r heddlu. Peidiwch â chyffwrdd â dim tra bydda i'n gwneud archwiliad bras o'r compartment.'

Symudodd pawb o'r ffordd er mwyn rhoi lle i'r swyddog wneud ei waith.

'Wel mae hwn yn fyw beth bynnag,' meddai wrth gyffwrdd Gareth. 'Fe fydd rhaid iddo fe esbonio beth sy wedi digwydd yma heno. Nawr te. Beth am y llall?'

Cododd a throi at yr Athro ac roedd golwg mwy difrifol ar ei wyneb pan gyffyrddodd e â hwnnw.

'Ydy. Mae e wedi mynd, druan. . .' meddai gydag ochenaid dawel, 'Diolch yn fawr am eich help, bobl. Gaf fi'ch enwau os gwelwch yn dda? . . . Er mwyn cofnodi'r dystiolaeth ar gyfer yr heddlu, dych chi'n deall.'

Ond pan drodd e, sylweddolodd taw dim ond y tyst a'r ddau ddyn arall oedd yno. Roedd dynion yr ymbarél wedi sleifio allan yn dawel tra oedd y Gard yn gwneud ei waith. Gyda golwg flin a chodi ysgwyddau fe dynnodd ei lyfr nodiadau allan a dechrau ysgrifennu.

*　　*　　*

Pan agorodd Gareth ei lygaid, yn araf iawn, fe gafodd e deimlad bod yr haul wedi gwawrio yn syth o flaen ei lygaid.

'O fy mhen!'

Ai fe oedd wedi dweud y geiriau? Cododd ei law a cheisio cyffwrdd â'r poen. Edrychodd eto ar y cysgod oedd o flaen ei lygaid. Yn raddol daeth siâp tywyll i mewn i'w ffocws. Newidiodd y cysgod i rywbeth roedd e'n gallu ei 'nabod. Dyn oedd e! Dyn mewn lifrai! Lifrai! . . . Plismon! . . . Lifrai heddlu Ffrainc! Yn sydyn fe gofiodd am yr Athro a dynion yr ymbarél. . . Yr Athro! Ceisiodd godi o'r llawr a theimlodd fraich arall yn ceisio'i helpu. I Gareth, roedd codi o'r llawr i'w sedd wedi cymryd oes.

'Cymerwch eich amser, *Monsieur.*'

Dyn gwallt tywyll oedd yn siarad ac roedd y sŵn yn dod allan o geg gyda mwstas trwchus uwch ei phen.

'Cymerwch eich amser,' clywodd Gareth e'n ddweud yr eilwaith. Roedd Gareth yn prysur ddod ato'i hunan.

'Diolch!' atebodd yn araf.

Edrychodd o'i gwmpas. Roedd e yn ei gompartment o hyd ond doedd y trên ddim yn symud. Roedd rhywbeth arall hefyd. Roedd rhywbeth yn eisiau. Fe edrychodd ar y sedd lle roedd e'n cofio gweld yr Athro, ond doedd neb yno.

Gwelodd y dyn y sioc ar wyneb Gareth.

'Na, *Monsieur*. Os ydych chi'n edrych amdano fe. . . mae e wedi mynd. Ac. . . rydyn ni'n disgwyl llawer o atebion gennych chi.'

Fe ddaeth stori Gareth allan o'i geg fel rhaeadr fawr ond roedd hi'n amlwg wrth wynebau'r plismon bod y Gymraeg fawr o werth iddyn nhw.

'Mae'n ddrwg gen i, *Monsieur*,' meddai yn ei Ffrangeg dosbarth nos, 'roeddwn i wedi anghofio lle'r oeddwn i am funud.'

'Digon naturiol, *Monsieur*. . .'

'Prys,' atebodd Gareth mewn llais gwan.

'Gadewch i fi gyflwyno fy hunan i chi M. Prys. *Inspecteur* Claude Baron o'r *Sureté* yn Limoges. Fe gawson ni alwad i ddod i gwrdd â'r trên pan gyrhaeddodd e'r orsaf ychydig yn ôl. . .'

Roedd Gareth yn ei ffeindio hi'n anodd i gadw ei lygaid ar agor ac roedd ei ben yn ffrwydro gan boen. Doedd e ddim yn gallu canolbwyntio ar lais yr Arolygydd. . . Fe welodd y Ffrancwr hyn.

'Ydw i'n siarad yn rhy gyflym ichi, *Monsieur* Prys? Mae doctor ar y ffordd. Mae rhaid inni eich cael chi'n hollol iach, on'd oes, M. Prys?'

'Rydw i'n iawn. . . Ewch ymlaen.'

Er gwaetha'r poen yn ei ben roedd pethau'n dechrau dod yn fwy clir. Roedd e'n dechrau dod ato ei hunan. Ond cyn i'r Arolygydd ailddechrau ar ei gwestiynau fe ddaeth dyn arall i mewn yn cario bag. Fe gododd yr Arolygydd i gyfarch yr ymwelydd.

'A, *Monsieur le docteur*,' meddai gan nodio at Gareth.

Wrth iddo drin pen Gareth, fe siaradodd y meddyg â'r Arolygydd ac fe geisiodd Gareth ei ddilyn. Roedd hi'n debyg bod corff yr Athro wedi cael ei symud yn barod i un o ysbytai'r ddinas.

Roedd y Gard wedi cau drysau allanol pob cerbyd ar ôl darganfod y corff a chyda help gweithwyr eraill y rheilffordd roedd e wedi gwahardd pob teithiwr rhag mynd oddi ar y trên nes iddyn nhw gael caniatâd gan yr awdurdodau. Soniodd am y ddau ddyn oedd wedi ei helpu. Ond pan aeth e drwy'r trên i geisio dod o hyd iddyn nhw, doedd dim golwg ohonyn nhw, ac er syndod iddo roedd un drws allanol ar agor.

Gorffennodd y meddyg ei waith ac fe ddywedodd wrth Gareth â gwên y byddai byw'n ddigon hir i chwarae gyda'i wyrion. Ar ôl iddo siglo llaw yr Arolygydd fe ddiflannodd i'r coridor.

Yna trodd yr Arolygydd Baron at Gareth a dechrau'i holi'n fanwl iawn. Fe aeth y cyfreithiwr ifanc dros ei stori orau y medrai er gwaethaf ei gyflwr a'i Ffrangeg gwan. Pan soniodd am y dynion â'r ymbarél fe edrychodd y swyddog arno'n syn. Roedd e wedi meddwl yr un peth â Gareth siwr o fod. Ymbarél mewn tywydd mor boeth! Fe ddechreuodd Gareth flino ar y cwestiynau.

'Fydd y trên yn gallu cychwyn ar ei daith cyn bo hir, Inspector?' gofynnodd. 'Mae corff yr Athro wedi mynd i'r ysbyty am archwiliad gyda'ch arbenigwyr ac rydych chi wedi cael ateb llawn i'ch cwestiynau. . .

felly. . .'

Ond chafodd Gareth mo'r cyfle i orffen ei frawddeg.

'Mewn gwirionedd, M. Prys,' atebodd yr Arolygydd yn feddylgar, 'dydw i ddim yn hapus ynglŷn â rhai o'ch atebion. Ddim yn hapus o gwbl. . . Mae llawer o bwyntiau heb eu hateb. . . ac felly fe hoffwn ichi ddod i'n swyddfeydd yn y ddinas. . . Dim byd ffurfiol dych chi'n deall. . . dim ond ceisio tynnu popeth at ei gilydd. . . a cheisio cael ychydig rhagor o atebion. . . mewn lle mwy tawel. . . a chyfforddus.'

Cyn iddo gael cyfle i brotestio, cafodd Gareth ei arwain o'r compartment.

'Ond. . . fy magiau, Inspector. Beth am. . . ?'

'Peidiwch â phoeni am eich bagiau.'

Wrth iddyn nhw gerdded ar hyd y coridor, fe sylweddolodd Gareth fod yr Arolygydd yn cerdded o'i flaen a bod dau blismon yn ei ddilyn. Roedd e wedi bod yn y llys ddigon i gofio sut roedd yr heddlu yn trin carcharorion. Roedd hedyn o ofid yn dechrau tyfu yn ei feddwl.

Pan gyrhaeddon nhw'r drws oedd yn arwain i'r orsaf roedd tyrfa yn eu disgwyl. Roedd gohebwyr yno ynghyd â ffotograffwyr, i gyd yn ceisio gwthio eu ffordd drwy linell yr heddlu er mwyn dod yn agosach at y fintai fach. Fe saethon nhw eu cwestiynau.

'Beth sy wedi digwydd?' gwaeddodd un.

'Pwy yw'r dyn yna?' gan un arall.

Yn ôl nifer y fflachiadau roedd llawer iawn o luniau yn cael eu tynnu ac fe geisiodd Gareth guddio ei wyneb. Dim ond tyst oedd e, nid troseddwr.

'Oes corff ar y trên?'

'Ai dyna'r llofrudd?'

Ar ôl y cwestiwn ola fe deimlodd Gareth fel petai pelen o blwm yn ei stumog. Ac am eiliad fe aeth syniad ofnadwy drwy ei feddwl.

'Inspector! Inspector. . .' gwaeddodd Gareth uwch sŵn y gweiddi. Ond chafodd e mo'i ateb.

*   *   *

Roedd gan ddau ddyn yn y dorf lawn cymaint o ddiddordeb yn yr hyn oedd yn mynd ymlaen â'r gohebwyr a'r ffotograffwyr. Doedd dim ymbarél gan y ddau erbyn hyn ac roedd yn well ganddyn nhw sefyll yng nghysgod un o'r pileri oedd yn codi'n uchel i gyrraedd to'r orsaf. Roedd llygaid y ddau yn dilyn mintai'r heddlu yn graff iawn.

*   *   *

Fe gafodd Gareth ei dynnu'n ddiseremoni drwy allanfa'r orsaf gan ddau blismon. Fe garlamodd yr Arolygydd o'u blaenau ac allan â nhw i'r awyr agored a'r dorf yn eu dilyn. Cafodd Gareth ei wthio i mewn i hen Citroën a saethodd y car ymlaen at y ffordd fawr bron cyn i'r drysau gael eu cau, gan adael y dorf yn sefyll yn gegagored ar y pafin.

3

CYRHAEDDODD y Citroën swyddfeydd yr heddlu yng Nghanol Limoges. Doedd neb wedi dweud yr un gair ar y siwrnai o'r orsaf i'r pencadlys. Wrth i'r grŵp brysuro i fyny'r grisiau at ddrws blaen y swyddfeydd, edrychodd Gareth o'i gwmpas. Doedd neb i'w weld y tu allan i'r swyddfa, ar wahân i un gweithiwr bach cyffredin â'i ben mewn papur newydd a sigarét yn ei geg, yn pwyso yn erbyn wal y swyddfa, fel petai'n hidio dim amdanyn nhw. Doedd gan yr heddlu ddim diddordeb ynddo fe 'chwaith.

*   *   *

Ar ôl iddyn nhw ddiflannu i mewn i'r adeilad, symudodd y dyn oedd yn darllen y papur newydd yn eithaf cyflym, gan geisio ymddangos yn hamddenol a di-hid. Plygodd ei bapur newydd yn daclus a'i roi yn ei boced gan daflu ei sigarét i'r llawr a cherdded i lawr y grisiau. Diflannodd i stryd ochr a brysio i mewn i gaban ffôn. Cyn pen dim roedd e drwodd i'r rhif iawn.

'Ie. Jean sy yma. Mae e yn swyddfa'r heddlu. Reit, Bos. Fe fydda i yno.'

*   *   *

'Eisteddwch fan'na, M. Prys.'

Edrychodd Gareth o gwmpas y 'stafell, cyn eistedd ar sedd o flaen desg y swyddog. O'r gadair roedd e'n gallu gweld strydoedd prysur y ddinas. Roedd y bobl oedd yn pasio heibio i'r ffenest ar eu ffordd i'w gwaith yn gwneud iddo fe deimlo'n unig. Aeth un o'r plismyn at y ffenest a'i hagor. Roedd pawb yn ymwybodol bod y tymheredd wedi codi erbyn hyn. Teimlodd Gareth awel fach ar ei wyneb a daeth sŵn y stryd i'w glustiau. Roedd y cwmni yn yr ystafell i gyd yn edrych arno'n ddwys. Roedd y dafnau chwys ar ei dalcen yn amlwg.

Symudodd yr Arolygydd y tu ôl i hen ddesg fahogani dywyll. Yna cododd becyn o sigaréts, tynnu un allan a'i chynnau. Pwysodd yn ôl yn y gadair ledr gan edrych ar y nenfwd lwyd a chwythu mwg i'r awyr yn hamddenol. Crwydrodd arogl y Gauloise drwy'r 'stafell.

'Chi ydy'r llofrudd? . . . Chi laddodd yr Athro? . . . Ie. Ie. Paid ag edrych mor syn. Rydyn ni'n gwybod yn iawn pwy oedd yr hen greadur.'

Ond edrychodd e ddim yn syth i mewn i lygaid Gareth.

'Fi? . . . Fi? . . .' roedd y sioc i'w glywed yn ei lais. 'Beth ych chi'n feddwl? . . . Dw i ddim yn eich deall chi. . . Fi? . . .'

'Dewch, M. Prys. Does dim rhaid i fi ailadrodd y cwestiwn, nac oes? Roedd y neges yn glir y tro cyntaf, on'd oedd? Mae eich Ffrangeg yn ddigon da'.

Doedd Gareth ddim yn gwybod sut i ddechrau ateb.

'Dewch ymlaen. Does gen i ddim amser i'w

wastraffu. Chi laddodd yr hen greadur. Yntê?'

Roedd pawb yn y 'stafell yn aros.

'Nage,' atebodd Gareth mewn llais nerfus, crynedig.
'Nid fi. . . Fe ddwedais i wrthoch chi. . .
am y dynion â'r ymbarél. . . a. . .'

Tynnodd yr Arolygydd yn gryf ar ei Gauloise,
chwythu'r mwg allan ac yna edrych ar y lludw coch
ar flaen ei sigarét.

'Dewch, M. Prys. . . Nid chwarae plant bach mo
hyn. Mae rhywun wedi cael ei ladd. A chi oedd y
person olaf i'w weld e. Fe gawsoch chi'ch gweld yn
mynd drwy ei bethau. . . Beth oedd e?. . . Dim
digon o arian gennych i fynd ar eich
gwyliau? . . . Ie? . . . Dynion ag ymbarél! . . .
Myn brain! Mae'n rhyfedd ichi sôn am ddynion yn
cario ymbarél. . .on'd yw hi. . . a thywydd Ffrainc
mor boeth ar hyn o bryd?

'Ond, Inspector, dw i wedi dweud y cyfan wrthoch
chi. Y cyfan. . .' a chyda mwy o hyder yn ei lais,
'Doeddwn i ddim wedi cwrdd â'r Athro cyn
neithiwr. . . Nac oeddwn. Allwn i ddim ffugio stori
fel hyn. . . Mae'n rhaid ichi fy nghredu. . . Rhaid i
chi.'

'Does dim rhaid i fi gredu dim byd, M. Prys,' atebodd
yr Arolygydd fel bwled, 'dim ond y gwir. . .
dim ond ffeithiau. . . ac mae'n rhaid i fi gyfaddef. . .
dydy'r gwirionedd ddim ar eich ochr chi ar hyn o
bryd. . . Dyn yn cael ei ffeindio yn eich compartment
wedi marw. . . Cawsoch chi eich gweld yn mynd drwy
bocedi'r dyn a thrwy ei bapurau. . . Cawsoch chi eich

gweld wedyn gan ddau ddyn. . .'

'Ond. . . Ond. . .'

'O ie. Y ddau ddyn â'r ymbarél. . . Dewch, M. Prys. . . Dydy'ch stori ddim yn swnio'n gredadwy o gwbl i mi. . . Rydyn ni wedi clywed llawer stori ddifyr dros y blynyddoedd. On'd ŷn ni, gyfeillion?'

Cafodd Gareth ei gythruddo gan chwerthin braf y swyddogion eraill. Sut ar y ddaear roedd modd darbwyllo'r Arolygydd ei fod e'n dweud y gwir? Daeth hyder a phanig i'w lais ar yr un pryd.

'Does dim hawl gennych chi i 'ngalw i'n llofrudd. . .'

'Gan bwyll, M. Prys. Gofyn cwestiynau ydy 'ngwaith i. . . Os nad ydw i'n cael yr atebion priodol. . . wel, mae rhaid i fi gario 'mlaen â'r cwestiynau. . . hyd nes y down ni at y canlyniad cywir. . . Does dim cyhuddiad wedi'i wneud yn eich erbyn. . . dim eto beth bynnag. . .'

Cododd a rhoi ei bwysau ar y ddesg o flaen Gareth ac edrych i fyw ei lygaid. 'Nawr, M. Prys. Rydyn ni'n mynd i'ch gadael chi am ychydig. . . er mwyn ichi fynd dros eich stori eto yn eich meddwl. Hoffech chi goffi ac ychydig o frecwast? Dyna'r peth lleiaf gallwn ni wneud.'

A chyda gwên ar ei wefusau fe adawodd e'r 'stafell.

* * *

Pan gyrhaeddodd e'r 'stafell gyfathrebu saethodd ei orchmynion fel bwledi allan o wn.

'Ydyn ni wedi clywed gan Baris eto? . . . Beth am

fanylion amdano gan Scotland Yard? . . . Oes mwy o fanylion am yr Athro?'

'Wel, *Patron*. Ynglŷn â'r cwestiwn ola' 'na. Rydyn ni wedi dod o hyd i gyfeiriad mewn dyddiadur o'i eiddo. . . Dyma fe.'

Darllenodd yr Arolygydd y geiriau'n gyflym.

'A. Dyna fe. . . Roedd e'n mynd i weld y ferch. . . ei ferch. . . neu berthynas. . . yn Barcelona. . . Cysyllta â heddlu Barcelona. Gan obeithio y byddan nhw'n gallu taflu mwy o oleuni ar y busnes. . . Hynny yw, gelynion ac ati.'

Cerddodd yr Arolygydd yn ôl ac ymlaen yn y 'stafell fel anifail mewn caets, gan daflu golwg o bryd i'w gilydd ar Gareth drwy'r ffenest un-ffordd. Roedd Gareth yn pwyso ar y ford o'i flaen â'i ben yn ei ddwylo. Fe ganolbwyntiodd yr Arolygydd ei feddyliau ar Gareth am funud neu ddwy. Edrychodd arno gan geisio rhoi ei hunan yn yr un sefyllfa. Roedd y 'stafell wedi tawelu. Yna, fe dorrodd sŵn cras y ffôn ar draws ei feddyliau.

'Ie. . . Dyna fe. . . Kinsella. . . KINSELLA. Ie. Ie. Tramorwr. . . Oes unrhyw gofnod ohono fe'n dod i mewn i'r wlad. . . Awyren neu long. . . Ie. Ie. . . Oes ffordd arall? Calais a Le Havre. . . Ie. . . A beth am Prys. . . PRYS. . . Iawn. . . Iawn. . . Kinsella wedi dod i mewn drwy Le Havre. . . Iawn. . . a Prys. . . wedi dod i mewn drwy Calais. . . Os daw unrhyw wybodaeth arall. . . Ie. . . Yn syth i'r fan hyn. . . Iawn. Diolch.'

'Wel, *Patron*, ddaeth y ddau ddim i mewn i'r wlad

yr un pryd. . . na thrwy'r un porthladd. . .
Dyma'r manylion.'

Ar ôl darllen y wybodaeth gawson nhw dros y ffôn,
fe feddyliodd yr Arolygydd am funud cyn troi at ei
swyddogion.

'Iawn. . . Dyw hyn ddim yn dweud nad ydyn nhw'n
'nabod ei gilydd. . . Ydy e?'

'Nac ydy,' atebodd ei ddirprwy, 'ond beth yw'r
pwynt. . . Doedd neb yn eu 'nabod nhw yn Ffrainc
beth bynnag. . . nac oedd?'

'François. . . François, fy nghyfaill. Dwyt ti ddim
yn deall, wyt ti? Efalle fod un ohonyn nhw'n mynd i
ryw fan arbennig a bod y llall ddim eisiau iddo fe
gyrraedd. Ydy hwnna'n gwneud sens iti? Mae ein
dynion yn D.R.1 yn gwybod pwy sy o bwys yn y byd
rhyngwladol. Yn yr achos yma. . . Pwy oedd
pwy? . . . Mae'n amlwg on'd yw hi?'

'Ond, *Patron*. . . Pam roedd Prys wedi aros ar y
trên ar ôl. . . ?'

'. . . Na, na, François. Fe gafodd ei weld cyn iddo
fe gael cyfle i ffoi. Dwyt ti ddim yn deall?'

Dechreuodd y peiriant ffacs weithio a throdd
François ato, aros iddo orffen ei waith a thynnu'r
ddalen orffenedig allan a'i rhoi i'w bennaeth.

Wrth ddarllen yr wybodaeth newydd fe newidiodd
wyneb Baron ac roedd 'na siom yn ei lais pan
ddechreuodd e siarad.

'Dyna fe! . . . Damia!' a rhoddodd e'r papur yn ôl
i'r swyddog gan ychwanegu, 'Cer i'w nôl. . . Na.
Arhoswch. . . Gad i'r gwalch aros.'

Fe gafodd y ffacs ei ddarllen gan bawb yn y 'stafell.

* * *

Cyrhaeddodd y ddau ddihiryn y caban ffôn yn y stryd gefn yn ymyl swyddfa'r heddlu yn fuan ar ôl iddyn nhw dderbyn yr alwad ffôn. Arhoson nhw i'w negesydd neidio i mewn i'w car.

'Mae'n rhaid bod y diawl 'na yn gwybod rhyw-beth. . . Gan dy fod ti, Marcel, wedi gwneud cawl o bethau, yr unig obaith sy 'da ni nawr yw ceisio dod o hyd i'r wybodaeth sy gyda fe. . .'

'Efalle fod y ddau'n gyfeillion, Bulova,' cynigiodd Marcel.

'Na. Na. . . Dw i ddim yn credu hynny. . . yn y gêm hon mae rhaid ichi chwarae'n gyfrwys iawn. Petaen nhw'n 'nabod ei gilydd fe fydden nhw wedi cadw'n ddigon pell o'i gilydd.'

Daeth distawrwydd llethol dros y cwmni. A dyna fel y bu, nes i Bulova ddechrau siarad eto.

'Mae rhaid ei fod e'n gwybod rhywbeth. . . Mae rhaid inni siarad â fe. . . On'd oes, Marcel?' Ac fe chwarddodd y tri.

* * *

Pan gerddodd Gareth i mewn i'r 'stafell lle roedd yr Arolygydd a'i swyddogion, roedd e'n barod â'r un stori unwaith yn rhagor. Roedd yr Arolygydd yn siarad i mewn i'r ffôn. Symudodd ei law i ddweud wrth Gareth am eistedd. Fe orffennodd ei sgwrs a rhoi'r ffôn yn ei gawell. Yna edrychodd ar Gareth.

'Wel. Dyma chi. . .' gyda pheswch nerfus. 'Wel. Mae'n debyg nad oes gan Interpol ddim i'w ddweud amdanoch chi, ac mae'n debyg bod yr awdurdodau ym Mhrydain yn teimlo'r un peth. . . Mae'n debyg eich bod chi'n ddyn cyfreithiol a chyfreithlon.'

Os oedd Baron wedi ceisio gwneud jôc o ryw fath doedd Gareth ddim mewn hwyl i'w gwerthfawrogi. Roedd tinc embaras yn llais yr Arolygydd.

'Gan nad oes. . . wel. . . tystiolaeth bendant 'da ni am unrhyw drosedd gennych. . . wel. . . mae rhaid inni eich rhyddhau. . . Wel, nid eich rhyddhau. . . ond gadael ichi fynd yn ôl at eich gwyliau unwaith eto. . . Cofiwch, fe fydd rhaid inni gael cyfeiriad yn Sbaen. . . ac fe fydd heddlu Sbaen yn cadw llygad arnoch chi.'

'Fy rhyddhau. . . Dyna braf. . . Diolch o galon ichi,' mewn llais sarcastig iawn. 'Rydych chi wedi bod o help mawr i fi fwynhau fy ngwyliau. Ydych yn wir. Un alwad ffôn gan Interpol a dyma fi'n rhydd. Fel mae'r Americanwyr yn ddweud, "*Big Deal*!" '

'Peidiwch â chymryd y peth yn rhy ddifrifol, M. Prys. Mae rhaid ichi ddeall ein safbwynt ni hefyd. Pan mae corff yn cael ei ddarganfod ar drên, mae rhaid i'r awdurdodau wneud ymholiadau, on'd oes? Pwy arall oedd gyda ni fel tyst? Wel, bron yn dyst i'r peth, beth bynnag! Mae rhaid inni ddechrau yn rhywle on'd oes?'

Roedd Gareth wedi cael digon. Dim ond un peth oedd ar ei feddwl. Mynd allan o'r lle ofnadwy hwn a dal y trên cyntaf i Sbaen! Ond dyma lais yr Arolygydd yn torri ar draws ei feddyliau unwaith yn rhagor.

'Hoffech chi inni wneud rhywbeth drostoch chi, M. Prys? Pam nad ewch chi o gwmpas y dref am ychydig? Fe wnawn ni'n siwr y bydd sedd gadw ichi ar y trên y prynhawn 'ma am hanner awr wedi pedwar. . . Fe wnawn ni'n siwr y bydd eich bagiau yno yn eich aros.'

Fe feddyliodd Gareth am ei gynnig.

'Iawn 'te. Fe fydda i wrth yr orsaf am hanner awr wedi pedwar, peidiwch chi â phoeni!'

Fe gododd yr Arolygydd ei ysgwyddau.

'Rydych chi'n rhydd i fynd, M. Prys, ac rydyn ni'n ymddiheuro ichi am eich cadw chi mor hir. Fe ddilynwn eich disgrifiad o'r ddau ddyn â'r ymbarél gan obeithio y bydd 'na rywrai yn cael eu restio cyn bo hir. . .Ydych chi eisiau i un o'm swyddogion i'ch tywys chi o gwmpas y ddinas? Fydden ni ddim ond yn rhy falch i'w wneud.' Ac fe gododd e a chynnig ei law i Gareth dros ei ddesg. 'Un peth arall. Oes cyfeiriad gennych yn Sbaen? Mae rhif eich pasport gyda ni'n barod wrth gwrs. . . ac rydych chi'n deall hyn rwy'n siwr.'

Rhoddodd Gareth ei gyfeiriad yn Manresa ynghyd â'r rhif ffôn. Fe wrthododd e gynnig Baron o swyddog i fynd ag e o gwmpas.

Wrth gerdded allan o'r pencadlys daeth ton o bleser drosto. Ond doedd yr Arolygydd ddim eisiau gollwng Gareth o'i grafangau eto. Rhuthrodd ato a chydio yn ei fraich yn dyner.

'Gyda llaw, M. Prys, ddywedodd yr Athro unrhyw beth wrthoch chi am ferch. . . ei chyfeiriad er enghraifft?'

'Naddo! . . . Dim!' oedd ateb swrth Gareth. Ond roedd llyfr yr Athro yn llosgi twll yn ei gôt! Oedd y llyfr yn bwysig? Roedd Gareth wedi addo i'r Athro y byddai'n rhoi'r llyfr iddi hi. A dyna beth roedd e'n mynd i'w wneud, Arolygydd neu beidio.

'Does dim ots, M. Prys,' meddai fel petai'n ddibwys. 'Tan y tro nesa, *Monsieur*.'

Cyn pen dim roedd Gareth wedi cerdded i lawr grisiau swyddfeydd yr heddlu. 'Tan y tro nesa'n wir!'

Edrychodd Gareth ar ei wats. Roedd oriau ganddo fe cyn amser y trên. Fe fyddai'r Arolygydd a'i griw yno i ffarwelio ag e yn sicr. Yn ôl ar y TGV unwaith eto, gyda lwc! Diolch byth! Edrychodd o'i gwmpas i weld tacsi yn troi allan o un o'r strydoedd cefn yn ymyl y swyddfeydd. Fe gododd ei law, ac ar unwaith fe gyflymodd y Renault at y pafin ac aros o'i flaen. Plygodd Gareth ymlaen at y ffenest agored.

'Gare des Bénédictins, os gwelwch yn dda!'

Wrth iddo agor drws y tacsi fe gafodd ei dynnu i mewn i'r sedd gefn gan rywun a'i wthio ar ei hyd yno. Caeodd drws y tacsi'n sydyn. Yna cyflymodd y car o'r pafin fel car rasio Le Mans.

'Peidiwch â symud!' meddai llais o'r tu ôl iddo. Ac yna, fe gafodd rhywbeth oer a chaled ei roi ar ei war.

4

Ceisiodd Gareth godi'n dawel o sedd gefn y tacsi, ond roedd y peth oer, caled yn gwasgu i lawr ar ei war o hyd.

'Na! Na! 'machgen i,' meddai sibrwd cras o'r tu ôl iddo. 'Paid treio symud neu fe gei di flas o'r pistol 'ma. Fe gadwiff hwnnw di'n dawel am gyfnod, paid ti â phoeni. . . Dŷn ni ddim eisiau gwneud, cofia. Rydyn ni eisiau bod yn groesawgar, on'd ydyn ni, Marcel?'

Chwerthin yn dawel wnaeth y llall. Dim ond un peth oedd ar feddwl Gareth. Ai'r dynion â'r ymbarél oedd wedi ei gipio? Ymlaciodd e ychydig a cheisio peidio â symud. Roedd e'n gallu codi ei lygaid yn ddigon i weld toeau adeiladau uchel y ddinas yn pasio heibio i ffenest y tacsi yn gyflym iawn. Aeth y llais ymlaen.

'Os byddi di'n fachgen da. . . a pheidio â gwneud dim byd dwl, fe adawa i iti godi ac eistedd yn dawel yn dy sedd. . . O'r gorau?'

Atebodd Gareth ddim, ond fe deimlodd y pistol yn symud o'i war a chododd e'n araf i eistedd yn syth yn y sedd ac edrych o'i gwmpas. Roedd y dyn oedd wedi caniatáu iddo godi yn eistedd yn eithaf cysurus a'i bistol yn dal i bwyntio at Gareth. Syllodd Gareth arno fe gan wireddu ei ofnau gwaethaf. Aeth ei stumog yn belen o blwm. Y dyn â'r ymbarél! Llofrudd yr Athro Kinsella!

'Da iawn!' meddai'r dyn gan wenu fel petai e wedi darganfod trysor. 'Mae e'n fy 'nabod i, Marcel. Wel. . . da iawn. Dw i'n falch o hynny. Mae hyn yn mynd i arbed llawer iawn o amser i ni. . . Dyn ni'n siŵr dy fod ti'n gwybod taw pobl o ddifri' ydyn ni. . . Iawn. . . Nawr, fe allwn ni gael sgwrs ddiddorol. . . am. . . wel. . . am ddigwyddiadau'r gorffennol, dywedwn i. . . Ie, sgwrs go iawn.' Ac fe symudodd e'r pistol a'i roi dan ên Gareth a'i wasgu'n galed. 'Ac efalle. . . os byddi di'n rhoi atebion llawn i'n cwestiynau. . . fydd dim marc ar dy gorff pan ffeindian nhw di!'

Roedd clywed y fath eiriau wedi gwanhau ysbryd Gareth ac fe deimlodd e ddafnau chwys yn codi ar ei dalcen eto. Cwrddodd llygaid Gareth â llygaid y gyrrwr wrth iddo edrych i'r cefn drwy ei ddrych gyrru. Oedd 'na obaith am gymorth o'i gyfeiriad e, tybed? Ond roedd y dyn oedd wrth ei ochr wedi sylwi ar hyn.

'Na, na, M. Prys,' dywedodd gan chwerthin, 'chei di ddim help gan fy nghyfaill. Rydyn ni'n hen ffrindiau, on'd ŷn ni, Marcel?' Chwarddodd y ddau. 'Rydyn ni am fynd â ti i le tawel. . . ac yna fe gei di dy holi am oriau. . . os bydd eisiau. . . ac wedyn? . . . Pwy a ŵyr!'

'Pam rydw i'n cael fy nghadw gennych chi fel hyn?' gofynnodd Gareth, gan synnu bod y fath hyder yn ei lais. 'Beth ydych chi eisiau gen i? . . . Arian? . . . Wel. . .' Hyn yn hollol wirion. 'Wel. . . Fe gewch chi fy sieciau teithio. . . ac mae gen i beth arian Ffrainc. Beth ydy'ch gêm chi? . . . Dwedwch. Beth ydych chi eisiau gen i? . . . Atebwch.'

'Paid â bod mor ffôl, M. Prys. Dŷn ni'n gwybod yn iawn pwy wyt ti ac. . . rwyt ti'n gwybod pwy ydyn ni hefyd. . . On'd wyt ti? Felly. . . cau'r hen geg wirion 'na!'

Fe ddaeth tawelwch dros y cwmni. Roedd meddwl Gareth yn gweithio fel injan car. Beth oedd e'n mynd i'w wneud? Sut allai ddianc rhag y dynion 'ma? Roedd rhaid bod a wnelo'r llyfr oedd yn ei boced rywbeth â'r busnes. Pam ar y ddaear roedd e wedi cytuno i helpu'r hen ddyn? Roedd ei fywyd e mewn perygl nawr. Ai'r llyfr poced oedd achos y cyfan?

*   *   *

Tra oedd Gareth yn cael ei ruthro drwy strydoedd Limoges, roedd yr Arolygydd Baron yn dal i chwilio am unrhyw wybodaeth oedd yn mynd i fod yn ddefnyddiol iddo yn ei ymchwiliad i farwolaeth yr Athro. Tybed a oedd M. Prys wedi datgelu popeth? Roedd rhywbeth yn poeni'r Arolygydd am dystiolaeth Gareth. Fe ddaeth Hervé, ei gydweithiwr, i mewn a thorri ar draws ei feddyliau.

'*Patron*. Os ydyn ni eisiau bod yn y maes awyr i gwrdd â'r awyren o Barcelona, rhaid inni fynd ar unwaith.'

'Iawn, Hervé,' atebodd yr Arolygydd gan edrych ar ei wats. 'Iawn. . . Dw i ddim yn edrych ymlaen at gwrdd â merch yr Athro. . . Dw i ddim ond yn gobeithio y bydd hi o help inni. . .'

Edrychodd e dros y dystiolaeth oedd ganddo. Doedd dim llawer. Fe wisgodd ei gôt wrth ddilyn Hervé at ddrws y swyddfa.

'Ar lawer ystyr, Hervé. . . mae'n edrych fel llofruddiaeth ddi-bwrpas. Doedd dim arian wedi'i ddwyn. Roedd ei bapurau a'i ddogfennau personol heb eu dwyn. . . rhaid inni gael mwy o wybodaeth am yr Athro. . . Rhaid. . .'

Orffennodd e mo'i frawddeg, ac erbyn i'r ddau gyrraedd y car oedd yn aros amdanyn nhw, roedd yr Arolygydd yn dal i feddwl am y cyfan, a phan bwysodd e yn ôl yn ei sedd roedd golwg flin ar ei wyneb.

'Y Maes Awyr,' gorchmynnodd. 'Fel rwyt ti'n gwybod, Hervé, mae'r canlyniadau fforensig yn dangos bod yr Athro wedi ei wenwyno. Yn ei goes. . . gyda phigiad o ryw fath. . . Llofruddiaeth anghyffredin a dweud y lleiaf. Oedd yr hen foi yn 'nabod ei lofrudd? . . . Efalle fod Gareth Prys wedi dweud y gwir am y ddau ddyn wedi'r cyfan. . . Mae hi fel petaen nhw wedi diflannu oddi ar wyneb y ddaear. . . Mae bai arnon ni, Hervé. . . Fe ddylen ni fod wedi cael disgrifiad o'r ddau. . . Oes rhywun gyda ni yn yr orsaf? Fe awn ni i gwrdd â Gareth Prys a'i holi ymhellach cyn iddo fe ddal y trên prynhawn. . . Ie. . . a'r Gard hefyd.'

*   *   *

Ond doedd Gareth ddim mewn sefyllfa i feddwl am y trên prynhawn. Erbyn hyn roedd y tacsi wedi cyrraedd strydoedd mwy tawel hen ran y ddinas.

'Rydyn ni wedi cyrraedd ein swyddfa, M. Prys. . . Wel, nid swyddfa yng ngwir ystyr y gair. . . Ife, Marcel?'

Ond doedd y jôc wan ddim wedi tawelu ofnau Gareth. Roedd y cyfan yn hunllef, siwr o fod, ac fe fyddai'n deffro cyn hir. Ond doedd e ddim yn breuddwydio bod dryll yn cael ei wasgu yn ei ochr ac roedd llais ei gipiwr yn un go-iawn.

'Paid â cheisio gwneud dim byd dwl,' meddai hwnnw ac yna: 'Nawr. Allan o'r tacsi. . . Ond yn dawel. . . a dim triciau. Mae'r pistol 'ma'n barod. Dŷn ni ddim eisiau iti fynd i gysgu cweit mor gynnar yn y dydd!'

Wrth i Gareth blygu ei gorff i ddod allan o'r car, cododd Marcel ei gap fel y buasai'n ei wneud i deithiwr go-iawn. Anwybyddodd Gareth wên watwarus Marcel wrth iddo gyrraedd y palmant. Doedd neb yno i'w weld yn cael ei arwain at res o risiau cul a safai wrth ochr un o'r tai, nac i weld y gwn oedd yn gwasgu i mewn i'w gefn. Cafodd ei wthio i fyny. Tra oedd yn dringo fe glywodd e leisiau plant yn chwarae rywle yn y cyffiniau. O leiaf roedden nhw'n rhydd ac yn hapus. Roedd rhaid iddo fe geisio dianc cyn hir. Ond sut? Roedd gyrrwr y tacsi o'i flaen, a'r dyn arall â'r gwn i'r tu ôl iddo. Petai'n gwthio'r dyn oedd y tu ôl iddo a cheisio rhedeg, sut ar y ddaear y gallai osgoi unrhyw fwled mewn lle mor gul. Fe fyddai'n rhaid iddo fe aros am ychydig eto cyn mentro ar ddim.

'Iawn. O.K. . . . I mewn â thi. . . A dim triciau!'

Dyna'r gorchymyn gafodd Gareth wrth iddyn nhw gyrraedd drws mawr hynafol. Tynnodd Bulova allwedd fawr haearn allan o'i boced a'i throi yn y clo a gwthio'r drws ar agor. Yn sŵn y colfachau'n gwichian, fe gafodd Gareth ei arwain i mewn i stafell dywyll.

'Wel! Dyma ni! . . . Agorwch y llenni, Marcel, a rhowch gadair i'n ffrind ni. . . ,' chwarddodd.

Roedd mwy na thinc o orffwylledd yn chwerthin Bulova ac am y tro cyntaf ers iddo fe gael ei gipio fe gododd yr ofn mwyaf dychrynllyd ar Gareth.

* * *

Fe edrychodd yr Arolygydd Baron a'i ddirprwy ar yr awyren fach yn disgyn o'r awyr fel gŵydd yn glanio ar lyn. Cyn pen dim roedd y ddau yn cyfarch merch yr Athro yn y 'stafell dderbyn. Roedd golwg brysur a phwrpasol ar ei hwyneb, ac roedd yr Arolygydd yn nerfus wrth ei chyfarch.

'Mlle Kinsella. Derbyniwch ein cydymdeimlad dwysaf ar yr hyn sydd wedi digwydd.'

* * *

'Eisteddwch. . . a gwnewch eich hunan yn gyfforddus. . . Plîs,' meddai'r Arolygydd Baron pan gyrhaeddon nhw'r swyddfa. Doedd y ferch ddim wedi dweud yr un gair yn ystod y daith o'r maes awyr. Roedd yr Arolygydd yn teimlo'n anghyfforddus.

Doedd y lliw ddim wedi dod yn ôl i ruddiau'r ferch ar ôl y profiad erchyll o adnabod corff ei thad yn swyddogol. Roedd yr olygfa yn y marwdy yn fyw a gwynt cryf y diheintio yn aros o hyd.

'Hoffech chi gwpaned o goffi?' gofynnodd yr Arolygydd yn dyner.

'Na' swrth iawn oedd yr ateb.

Fe aeth y 'stafell yn dawel – tawelwch yn creu embaras.

Fe aeth yr Arolygydd ymlaen mewn llais tyner, gan gyfeirio llygaid y ferch at ei ddesg.

'Mlle Kinsella. . . Efallai eich bod chi'n meddwl ein bod ni. . . wel. . . braidd yn ddideimlad wrth wneud hyn. . . ond. . . dyma eiddo eich tad. . . Dyma'r cyfan o'i eiddo, *Mademoiselle*. Cymerwch eich amser. . . Mae'r profiad wedi bod yn un ofnadwy ichi dw i'n siŵr. . . Hoffech chi gadarnhau taw eiddo eich tad sy ar y ford? Hynny yw. . . mor sicr ag y medrwch chi fod o dan yr amgylchiadau? Ac wedyn arwyddo bod y cyfan yn iawn ac yn ddilys?'

Edrychodd Maureen ar y pethau oedd ar y ford. Cododd at y ddesg ac edrych arnyn nhw'r eilwaith. Torrodd hi'r tawelwch llethol gyda chwestiwn.

'Ai. . . Ai dyna'r cyfan oedd gyda fe ar ei berson?'

'Ie. Dyna'r cyfan,' atebodd yr Arolygydd gan godi ac estyn ei law iddi.

'Nawr te, Mlle Kinsella. Diolch am eich cymorth. Does dim rhaid ichi aros yn Limoges bellach. . . Mae eich cyfeiriad yn Barcelona gyda ni. . . Felly. . . Rydych chi'n rhydd i fynd. Ond ga i ofyn?

Beth ydy'ch cynlluniau? . . . Mae croeso ichi aros yn Limoges. . . Ar draul yr heddlu, siwr iawn. . . Mae un peth difrifol arall. . . Mae'n ddrwg gennym, *Mademoiselle*, yn ddrwg iawn, ond allwn ni ddim rhyddhau corff eich tad am ychydig ddyddiau eto. . . Ddim am wythnos. . . wel. . . Dyna gyfraith y wlad ac felly. . .'

'Rydw i'n deall, Inspector. . . Na. Fe af i yn ôl i Barcelona. Does dim pwrpas i fi aros yma. Dw i wedi rhoi'r holl wybodaeth oedd gyda fi am fy nhad. . . fy nhad annwyl. . . Fe af fi'n ôl i drefnu ei. . . ei angladd. Fe gaiff e orffwys mewn llecyn y tu allan i Barcelona, llecyn roedd e'n hoff iawn ohono.'

'Fe drefna i gar i chi. . .' Fe gododd yr Arolygydd y ffôn. 'Dyna ni. Fe fydd car o flaen y brif fynedfa yn eich aros.'

Ac i ffwrdd â nhw allan o'r swyddfa. Pan gyrhaeddon nhw'r drws allanol fe drodd merch yr Athro at yr Arolygydd.

'Gyda llaw, Inspector. Beth am y dyn oedd yn y compartment gyda fy nhad. Fe hoffwn i'n fawr gwrdd â fe. . . Er mwyn diolch iddo am wneud cymwynas a helpu fy nhad.'

'Fe aeth e oddi yma i'r dref. Ond mae un peth yn sicr. Fe fydd e'n dal y trên prynhawn i Barcelona. Mae e'n mynd i orffen ei wyliau ar y Costa Brava. . . Dyma ei gyfeiriad yng Nghymru. Fe fyddai'n braf tasech chi'n gallu ysgrifennu ato.'

'Diolch yn fawr, Inspector. Rydych chi'n garedig iawn.'

Fe gynigiodd ei llaw i'r Arolygydd a'i ddirprwy gan ddiolch iddyn nhw unwaith eto am eu cwrteisi.

Reit! meddyliodd. Y trên prynhawn amdani. Rhaid i fi ddod o hyd i ffôn.

*   *   *

Fe geisiodd Gareth symud y rhaffau oedd yn ei rwymo i'r gadair. Ond roedden nhw'n dynn iawn. Roedd y ddau ddihiryn wedi diflannu i 'stafell arall. Ymdrechodd Gareth yn ddewr i agor ei rwymau ond heb lwyddiant. Roedd rhaid iddo fe ddod yn rhydd. Siglodd e'r gadair yn ôl ac ymlaen er mwyn ceisio llacio'r rhaffau. Heb lwc. Yn sydyn, fe glywodd e leisiau'r ddau. Yn uchel iawn. Gwrandawodd e'n astud. . . Clywodd y ddau yn dadlau. Ond am beth? . . . Daliodd ymlaen â'i ymdrechion, ond roedd e'n digalonni.

Agorodd y drws. Roedd y ddau yn dal i ddadlau wrth iddyn nhw ddod i mewn at Gareth.

'Does dim ots 'da fi, Marcel. Fe fydd rhaid inni. Oni bai amdanat ti a dy ffolineb ar y trên fydden ni ddim yma nawr.' Ac fe gerddodd e at y gadair yng nghanol y llawr. Rhoddodd law ar ysgwydd ei garcharor a'i gwasgu'n galed. 'Nawr te, aderyn tramor. Mae rhaid iti ganu cân inni. . . A chanu'n uchel iawn hefyd.'

5

FE HOLON nhw Gareth am amser hir, a Marcel yn ei fygwth â'i ddyrnau. Roedd y ddau yn dechrau colli eu hamynedd. Ac roedd Gareth hefyd wedi blino ar yr un hen gwestiynau drwy'r amser.

'Ddwedodd yr Athro rywbeth wrthyt ti? Dwed! . . . Dderbyniaist ti rywbeth ganddo? Darn o bapur?'

Wiw i Gareth geisio ailadrodd nad oedd e'n gwybod dim, taw dim ond yn digwydd bod yn teithio gyda'i gilydd roedd y ddau. Rodden nhw wedi anwybyddu'r llyfr yn llwyr, ac roedd popeth o'i eiddo yn ôl yn un o bocedi ei gôt. Ond am ryw reswm doedd Marcel ddim wedi defnyddio ei ddyrnau. Daeth y rheswm am hyn yn amlwg gyda geiriau Bulova mewn llais tawel, blinedig, direidus.

'Marcel! Marcel! Paid â gwastraffu dy amser. Mae mwy nag un ffordd o ladd cadno, on'd oes? Rhaid inni ddangos i'r gŵr bonheddig hwn taw nid dihirod cyffredin mohonon ni. Ond pobl dechnolegol a diwylliedig.' A chan droi at Gareth, oedd erbyn hyn â golwg digon blin ar ei wyneb, 'Un pigiad bach. . . Na! Na!' gan chwerthin, 'nid â'r ymbarél.'

'Marcel. . . Cer i nôl y Pentathol. . . Nawr fe gawn ni wybod y cyfan, dramorwr.'

*   *   *

Roedd golwg feddylgar ar wyneb Maureen wrth i gar yr heddlu gyda'r Ditectif Hervé frysio drwy strydoedd y ddinas ar ei ffordd i faes awyr Limoges. Tybed a oedd modd iddi ddarbwyllo'r ditectif bod rhaid iddi ddefnyddio'r ffôn cyn cyrraedd yr awyren. Ble oedd y Cymro hwnnw? Doedd hi ddim yn credu am funud y buasai ei thad wedi datgelu unrhyw wybodaeth bwysig i'w gyd-deithiwr. Fe grwydrodd ei meddwl i bobman. . . Ie. Dyna jôc! Ei thad! Roedd hi bron yn credu'r stori ei hunan. Doedd yr Athro ddim yn dad iddi! Hen foi iawn, ond yn rhy hen i fod yn y busnes yma. Ond rhaid oedd dod o hyd i'r Cymro yna er mwyn darganfod a oedd rhywbeth bach 'da fe iddi. A oedd yr Athro wedi defnyddio'i synnwyr cyffredin? Dim ond gobeithio ei fod e wedi cael digon o amser i greu stori gredadwy i'w gyd-deithiwr a chael help ganddo gyda'r llyfr. Roedd rhaid i rywun gael gafael ynddo cyn i'r Arolygydd gyrraedd yr orsaf y prynhawn 'ma. Fe fentrodd hi yn eofn.

'Esgusodwch fi, *Monsieur*. . . Oes modd inni stopio am eiliad. . . er mwyn i fi ddefnyddio'r ffôn?'

'Dim problem, *Mademoiselle*. . . Patrick. . . Pasia'r ffôn i'r cefn. Mae Melle Kinsella eisiau ei ddefnyddio.'

Ond doedd Maureen ddim eisiau defnyddio ffôn y car. Roedd eisiau gwneud galwad breifat. Oedd Alan wedi cyrraedd Limoges o'i blaen? Roedd rhaid iddi gael gwybod. Fe gafodd e'r neges yn ddigon cynnar, beth bynnag. Tybed oedd e wedi cyrraedd pencadlys yr heddlu mewn pryd i weld Gareth Prys yn dod allan?

'Na. Na. Monsieur Hervé. . .' Ac ar ôl meddwl. 'Does dim rhaid i fi ffonio ar frys. . . mewn gwirionedd. Fe fydd hi'n iawn. Fe ffonia i pan gyrhaeddwn ni'r maes awyr.'

'Menywod!' sibrydodd Hervé.

*   *   *

Erbyn hyn roedd Gareth yn isel iawn ei ysbryd. Edrychodd e ar Marcel yn llenwi'r chwistrell â hylif clir allan o botel fach. Gosododd y botel fach ar y ford a chodi'r chwistrell at olau'r ffenestr. Fe wasgodd e nes i beth o'r hylif saethu allan. Edrychodd e'n fanwl ar y graddfeydd ar ochr y chwistrell. Yna trodd at Bulova.

'Iawn, Bos. Rydw i'n barod.'

Nodiodd Bulova ei ben mewn cadarnhad a symudodd Marcel at Gareth a'r chwistrell yn barod am ei waith. Gwnaeth Gareth un ymdrech eto i ddarbwyllo Bulova nad oedd e'n gwybod dim am yr Athro ond fel cyd-deithiwr. Ond roedd y gwalch yn benderfynol o ddefnyddio'r cyffur. . .

'Y chwistrell i lawr os gwelwch yn dda, Marcel. . .' ac yna, 'Na. Bulova. Paid â bod mor ffôl. Mae Colt 45 yn gallu creu difrod ofnadwy, dw i ddim eisiau gwneud llanast o'ch waliau chi, ydw i?'

Ceisiodd Gareth droi i weld y siaradwr, ond roedd y rhaffau yn ei rwystro. Chafodd y newydd-ddyfodiad mo'r un gair o enau'r ddau ddihiryn. Roedd Gareth yn gallu deall eu sioc. Ond pwy oedd y dyn yma?

Americanwr oedd e'n bendant. Ond ai ffrind neu elyn? Roedd y dyn fel petai wedi darllen meddwl Gareth.

'Na. Peidiwch â phoeni, Mr Prys. Rydych chi mewn dwylo diogel. Fe fyddwn ni allan o'r lle yma mewn chwinciad.' Ac mewn llais mwy caled, 'Marcel, datod y rhaffau 'na. . . Glou! Bulova, fy nghyfaill, rydych chi wedi gwneud cawl o bethau eto. Mae mor hawdd dilyn eich trywydd. . . Mae eich arogl mor gryf!'

Pan gododd Gareth o'r gadair roedd wyneb Bulova yn bictiwr. Gwelodd Gareth ei lygaid yn pefrio â chasineb. Roedd pob cyhyr yng nghorff Gareth yn sgrechian gan boen. Roedd ei waredwr yn sefyll â'i bistol yn pwyntio at frest Bulova oedd yn dal heb ddod dros y sioc.

'Paid â symud, Marcel. Bulova, cerdda at Marcel. A dim nonsens!'

Fe ddechreuodd Bulova ufuddhau i'w orchymyn. Pan drodd ei gefn at yr Americanwr, fe welodd Gareth fraich yr ymwelydd yn symud drwy'r awyr ac yn bwrw ei bistol yn erbyn cefn pen Bulova. Clywodd Gareth anadl Bulova yn rhuthro allan o'i enau ac fe laniodd ar y llawr fel sachaid o datws. Neidiodd Marcel at yr Americanwr, ond roedd yr Americanwr yn rhy gyflym iddo.

'Gan bwyll, Marcel. Os nad wyt ti eisiau gweld dy ysgyfaint yn ffast i'r wal! . . . Nawr, eistedda. . . Ie. Eistedda yn y gadair 'na. Mr Prys, clyma'r diawl mor dynn ag sy'n bosib. Dy dro di yw hi nawr.'

Tra oedd Gareth yn cyflawni'r dasg, roedd yr ymwelydd yn casglu'r chwistrell, ynghyd â drylliau

Bulova a Marcel ac yn eu rhoi i'w cadw yn ei boced. Ar ôl i Gareth orffen, fe gafodd e orchymyn i glymu dwylo a choesau Bulova.

'O leiaf bydd y ddau yma allan o gomisiwn am rai oriau. Dewch, Prys. Rydyn ni wedi oedi digon!'

* * *

Roedd maes awyr Limoges yn dawel pan gyrhaeddodd car yr heddlu. Dim ond un neu ddau o awyrennau bach oedd yn hedfan o gwmpas. Stopiodd y car o flaen y lolfa ymadael. Neidiodd y gyrrwr allan ac agor y drws ac wrth ddod allan fe drodd Maureen at Hervé.

'Does dim rhaid ichi aros, Ditectif Hervé. Fe drefna i gyda'r cwmni teithio. Diolch yn fawr iawn ichi am eich parodrwydd i ddod â fi i'r maes awyr.'

Fe estynnodd Maureen ei llaw iddo a chyn iddo fe gael amser i feddwl ddwywaith cerddodd hi i mewn i'r lolfa. Edrychodd Hervé arni am eiliad neu ddwy cyn rhoi gorchymyn i'w yrrwr i fynd ag ef yn ôl i'r pencadlys. Gwelodd Maureen y car yn diflannu yn y pellter wrth iddi godi'r ffôn wrth ymyl y dderbynfa. Roedd ei neges yn un fer.

'Ie. Ydy'r golomen wedi hedfan y nyth? . . . Ydy. Iawn. Gobeithio y bydd e'n ennill y ras. Yn hedfan yn ôl heno, gyda lwc.'

Fe gododd hi'r ffôn eto a galw am dacsi. Roedd rhaid iddi fod wrth yr orsaf yn Limoges cyn i neb arall gyrraedd.

* * *

Fe gerddodd Gareth a'r Americanwr allan o 'swyddfa' Bulova yn hamddenol reit. Doedd dim rhaid iddyn nhw brysuro. Roedd geiriau diwetha'r Americanwr yn iawn. Fe fyddai Bulova a Marcel yn dawel am beth amser. Ond pwy oedd ei waredwr?

'Sut alla i ddiolch ichi am fy achub o ddwylo'r dynion yna. . . Pam maen nhw wedi fy nghipio i wn i ddim. . . Alla i ddim dweud wrthoch chi faint yw fy niolch.'

Aethon nhw i lawr y grisiau at y ffordd lle roedd tacsi Marcel yn aros yn llonydd. Ond chafodd Gareth mo'i ateb. Pan gyrhaeddon nhw'r stryd stopiodd y dyn ac edrych o'i gwmpas. Doedd neb i'w weld. Edrychodd e ar ei wats a gwnaeth Gareth yr un peth. Erbyn hyn roedd hi bron yn ganol dydd. Dim rhyfedd bod stumog Gareth yn canu am fwyd.

'Tyrd gyda fi. Fe awn ni o'r fan hyn cyn gynted ag sy'n bosibl, rhag ofn i rywun arall ddod ar ein traws.' Ac yna mewn llais mwy tyner, 'Ydych chi eisiau bwyd Mr Prys? Mm?'

'Ydw. Ond. . .'

Ond fe dorrodd yr Americanwr ar ei draws.

'Popeth yn iawn, Mr Prys. Popeth yn ei bryd. Mae'n siwr gen i fod llawer o gwestiynau gyda chi i'w gofyn. A dyw hi ond yn deg ichi gael yr atebion. Awn ni i fwyty i gael esboniadau, ac fe gawn ni rywbeth i'w fwyta hefyd. Ydych chi'n cytuno?'

'Wel. . . Wel, ydw sbo,' atebodd Gareth, yn araf.

Cyn bo hir fe gyrhaeddon nhw stryd o'r enw Rue A. Thomas. Roedd yr Americanwr yn meddwl yn galed.

Yn meddwl am yr hen foi, gan obeithio ei fod wedi rhoi'r llyfr i Gareth. Roedd Maureen yn siwr, beth bynnag. Wel, fe fyddai'r cyfan yn cael ei ddatgelu'n fuan. Trodd Gareth ei ben yn ôl o bryd i'w gilydd at y strydoedd roedden nhw newydd ddod trwyddynt. Fe edrychodd yr Americanwr arno.

'Na. Does neb yn dod ar ein hôl ni. Fe gymriff hi amser i'r ddau yna ddod yn rhydd, ac erbyn hynny fe fyddwn ni'n bell o'r hen dref yma.'

Doedd Gareth ddim eisiau bod 'yn bell o'r hen dref,' yng nghwmni'r Americanwr, ond doedd dim posib dianc, os mai dyna oedd y gair, o gwmni'r dyn. Roedd rhaid iddo glywed beth oedd ganddo i'w ddweud yn gynta. Stopiodd y ddau y tu allan i gaffe a gofynnodd yr Americanwr i fenyw oedd yn dod allan.

'Sut mae cyrraedd canol y dre os gwelwch chi'n dda?'

Fe ddilynodd y ddau ei chyfarwyddiadau a chyn bo hir roedden nhw wedi cyrraedd y ffordd fawr oedd yn arwain i ganol y dref.

Ymhen ychydig fe ddaethon nhw ar draws lle bwyta crand. Roedd Le Renoir yn dechrau llenwi ar gyfer y pryd bwyd canol dydd. Doedd neb yn eu dilyn, ond fe berswadiodd Gareth y llall i chwilio am ford lle roedd digon o bobl o'u cwmpas. Aeth y ddau at y ddesg i archebu bord yng nghanol y stafell. Wrth dorri ei syched â glasiad o ddŵr Perrier trodd Gareth at yr Americanwr a gofyn am esboniad am ei ddiddordeb ynddo. Doedd dim rhaid i Gareth siarad yn dawel. Roedd sŵn y siarad yn y lle yn codi'n uwch. Atebodd yr Americanwr mo'i gwestiwn, dim ond codi'r fwydlen, edrych arni'n gyflym, a gofyn iddo beth oedd e'n mynd i'w archebu. Doedd Gareth ddim eisiau dadlau ag e ar y pryd ac felly ufuddhaodd i'w fympwy. Dewisodd Gareth y *Plat du Jour* ond roedd yr Americanwr yn fwy mentrus wrth ddewis y *Menu Gastronomique* oedd yn cynnwys selsig lleol ynghyd â *cassoulet*. Ar ôl iddyn nhw archebu, eisteddodd y ddau mewn tawelwch.

Pan ddaeth y saig gyntaf fe fwytodd Gareth ei gawl tatws fel petasai heb weld bwyd o'r blaen. Ond cymerodd yr Americanwr ei bwyll. Wrth fwyta, roedd meddwl Gareth ar ddianc oddi yno. Ond yn gyntaf roedd rhaid iddo fwyta. Roedd y cyw iâr yn arbennig o flasus ac fe orffennodd e'r saws â darn o fara a'i fopio bob diferyn. Gwrthododd y ddau bwdin a phwysodd Gareth yn ôl yn ei sedd, yn llawn.

'Fwynheuoch chi'r pryd, Mr Prys? Mae'n siŵr eich bod yn barod i siarad nawr.'

'Nac ydw,' atebodd Gareth. 'Nid fi sy i fod i siarad, ond chi. Chi sy i fod i esbonio i fi. Pwy ydych chi? Dwedwch!'

Tynnodd yr Americanwr sigarét allan a'i chynnau. Chwythodd y mwg i'r awyr cyn ateb.

'Mr Prys. Fe ddo i'n syth at y busnes mewn llaw. . . Fe fuoch chi ar y TGV gyda rhywun. . . wel rhywun sy'n bwysig. . . neu o leiaf. . . oedd yn bwysig. Yr Athro Kinsella.'

'Oes rhaid i fi ddweud eto. Doeddwn i ddim yn 'nabod y dyn. Beth ar y ddaear. . . ?'

'Peidiwch â gwylltio, Mr Prys. Dim ond eisiau

gwybod un peth ydw i. Un peth bach.'

'Ond pwy ydych chi, ddyn? Pam dylwn i ddweud unrhyw beth wrthoch chi, beth bynnag. . . Dw i wedi cael digon o'r lol yma.'

Taflodd Gareth ei napcyn i lawr ar y ford a chodi. Cydiodd y dyn yn ei fraich.

'Arhoswch, Mr Prys. Arhoswch,' gan droi o'i gwmpas i weld a oedd Gareth wedi tynnu sylw atyn nhw. 'Edrychwch, Mr Prys. Alan ydy fy enw. Roedd Kinsella yn gweithio droston ni. . . Does dim ots pwy ydyn ni.' Tynnodd e'n drwm ar ei sigarét. 'Wnaeth e roi rhywbeth ichi. . . ? Unrhyw beth. Mae'n bwysig inni gael gwybod.' Oedodd am eiliad cyn mynd ymlaen. 'Y. . . Y. . . llyfr efalle?'

Edrychodd Gareth arno. Roedd y dyn yn gwybod y cyfan. Ond pam roedd y llyfr yn bwysig? Gwnaeth ei benderfyniad mewn eiliad.

'Wnewch chi fy esgusodi. . . Alan. Mae rhaid i fi fynd i'r tŷ bach. Fe ddweda i'r cyfan wrthych chi pan ddo i'n ôl.'

Cyn i Alan fedru dweud dim, fe drodd Gareth am gefn y stafell. Dangosodd un o'r gweinyddesau iddo lle roedd y tŷ bach. Edrychodd e'n ôl ar yr Americanwr, ond doedd ei lygaid ddim yn ei ddilyn. Fe ofynnodd i'r ferch ifanc a oedd ffordd allan drwy gefn y lle. Cyfeiriodd hi fe at ddrws oedd yn ymyl drws y tŷ bach. Pan agorodd Gareth y drws ym maes parcio'r bwyty roedd ofn arno. Pam roedd Alan wedi ei holi am y llyfr? Llyfr roedd e wedi addo ei roi i ferch yr Athro. A dyna beth roedd e'n bwriadu ei wneud. Doed a ddelo!

Edrychodd e'n ôl ond doedd neb yn ei ddilyn. Roedd hi'n bwysig iddo gyrraedd y strydoedd prysur.

Cyn hir cyrhaeddodd e stryd fawr. Faint o amser oedd e wedi ennill ar Alan? Gwelodd e arwydd uwchben un o'r siopau, 'Avenue de la Libération'. Gofynnodd i berson oedd yn edrych i fewn i ffenest siop ble roedd yr orsaf, a phwyntiodd y dyn yn syth yn ei flaen. Edrychodd Gareth ar ei wats. Erbyn hyn roedd hi'n ddau i'r gloch. Roedd dwy awr a hanner ganddo. Dwy awr a hanner i guddio rhag yr helwyr. Edrychodd e o gwmpas y stryd fawr a galwodd ar dacsi oedd yn pasio.

'Gare des Bénédictins. Yn gyflym.'

Trodd y gyrrwr y meter ymlaen. Roedd ennill amser yn bwysig. Byddai'r Americanwr yn siwr o ddyfalu y byddai'n mynd i'r orsaf. Roedd rhaid iddo fynd i'r orsaf, a cheisio help gan yr Arolygydd. Fe fyddai yno, siwr o fod. Dyna beth a ddywedodd e. Roedd ofn ar Gareth stopio i ffonio. . .

Wrth i'r tacsi fynd i lawr y rhodfa hardd at yr orsaf, edrychodd Gareth yn ôl sawl gwaith, ond doedd neb yn ei ddilyn. Edrychodd e o'i flaen a chyfarfod â llygaid y gyrrwr yn y drych. Cododd y gyrrwr feicroffon yn syth a dechrau siarad yn gyflym i mewn iddo, gan edrych ar Gareth ar yr un pryd.

O na! Roedd Bulova'n rhydd ac roedd Marcel wedi rhybuddio'r gyrwyr tacsi eraill amdanyn nhw, fe ac Alan.

'Arhoswch!' gwaeddodd Gareth.

Pan stopiodd y tacsi'n sydyn, taflodd Gareth ychydig

o ffrancs at y gyrrwr a neidio allan i'r stryd. Rhedodd e'n syth o'r tacsi a cheisio cuddio yn nhorfeydd y stryd brysur. Roedd rhaid iddo symud yn gyflym o'r lle.

*   *   *

Wrth gerdded heibio i'r siopau fe gododd Gareth ei law at ei boced. Roedd y llyfr yn ddiogel, ond am ba hyd? Daeth y syniad iddo o'i bostio at Maureen Kinsella. Na. Roedd e'n benderfynol o gyfarfod â hi. Edrychodd o'i flaen tuag at ben y rhodfa. Croesodd e'r Avenue Garibaldi ac i mewn i'r Champ de Julliet, y gerddi roedd rhaid mynd trwyddynt i gyrraedd yr orsaf. Edrychodd yn ôl bob hyn a hyn, ond doedd neb i'w weld yn ei ddilyn.

Dim ond cyrraedd yr orsaf ac fe fyddai'n hapus. Dim ond dal y trên i Sbaen, ac fe fyddai'n hapusach fyth! Fe gyrhaeddodd e ben draw y gerddi hardd cyn pen dim ac arhosodd am eiliadau ar glos yr orsaf. Symudodd ei lygaid o un pen i'r llall o wyneb prydferth yr hen orsaf, ond doedd neb i'w weld.

Cerddodd yn hamddenol ond yn hyderus dros y clos ac i mewn i gyntedd mawr Gare des Bénédictins. Roedd swyddfa docynnau'r orsaf yn wynebu'r fynedfa. Lle prysur. Fe ymunodd â'r gwt y tu ôl i nifer o bobl oedd eisiau prynu tocynnau. Tynnodd Gareth ei docyn allan gan obeithio bod yr Arolygydd wedi rhybuddio'r swyddogion amdano. Roedd y gwt yn symud yn rhy araf iddo.

'Prynhawn da, M. Prys.'

Aeth corff Gareth yn oer pan glywodd e'r llais caled wrth ei ochr. Trodd yn wangalon i gyfeiriad y llais. Yno, yn wên o glust i glust, roedd Bulova a Marcel.

'Ble mae eich cyfaill dewr, M. Prys? . . . Ar goll? . . . Tybed? . . . Gobeithio y byddwn ni'n teithio ar yr un trên. Fe fyddai'n hyfryd cael cwmni'n gilydd unwaith eto!'

6

HEB FEDDWL beth roedd e'n ei wneud, cododd Gareth ddau fag oedd wrth draed y dyn oedd o'i flaen yn y gwt docynnau. Taflodd y bagiau trwm yn galed at y ddau ddihiryn a gwelodd e Bulova yn cwmpo'n ôl ac yn baglu dros Marcel oedd wedi syrthio ar ei hyd ar y llawr. Roedd y syndod ar wyneb Bulova yn anodd i'w ddisgrifio. Yna rhedodd Gareth nerth ei draed at fynedfa'r orsaf ac yn bell o'r ddau oedd yn achosi cymaint o boen a phryder iddo. Wrth iddo redeg gwthiodd o'i ffordd unrhyw un oedd yn ei rwystro. Roedd rhaid iddo ffoi o afael y ddau unwaith eto. Unwaith eto! *Déjà vu*, chwedl y Ffrancod! Pan gyrhaeddodd y fynedfa fe stopiodd am eiliad. Edrychodd o'i gwmpas a phenderfynu mynd i'r dde i gyfeiriad y strydoedd prysur. Yno roedd cyfle iddo ddiflannu o olwg ei helwyr. Wrth iddo redeg ar draws clos yr orsaf, roedd rhaid iddo osgoi sawl tacsi oedd yn gyrru i mewn ac allan. Gwaeddodd y gyrwyr arno a chanu eu cyrn yn uchel. Roedd ofn arno fe edrych arnyn nhw! Roedd ei feddyliau yn cyflymu fel injan car rasio. Pam roedd rhaid iddo fynd trwy'r holl fusnes hyn eto? Roedd e'n debyg i'r profiad o freuddwydio'r un freuddwyd ddwywaith, a hynny o fewn oriau i'w gilydd!

Cyn i Gareth gyrraedd y strydoedd prysur, diogel,

tynnodd bws allan o'i flaen; bws oedd newydd godi llwyth o deithwyr trên o'r orsaf. Rhedodd at ddrws agored y bws a chyn i'r gyrrwr cael cyfle i'w gau, fe daflodd ei hun i mewn drwyddo a glanio ar lawr y cerbyd. Roedd wyneb y gyrrwr yn werth ei weld. Gwaeddodd yn grac ar Gareth a stopio'r bws. Cododd Gareth oddi ar lawr y bws a thaflu darn pum ffranc o'i boced i mewn i'r peiriant oedd wrth ochr y gyrrwr. Gydag ochenaid ac ychydig o Ffrangeg coeth o dan ei anadl, rhoddodd y gyrrwr y gêr cywir i'w le a symudodd y bws i mewn i'r Avenue du Général de Gaulle. Fe sylwodd Gareth ar yr atgasedd ar wynebau ei gyd-deithwyr cyn iddo droi'n ôl i edrych drwy ffenest ôl y bws. Na. Doedd neb i'w weld. Dihangfa! . . . Ond am ba hyd?

*　　*　　*

Cyrhaeddodd Alan gyntedd yr orsaf eiliadau ar ôl i'r helynt ddigwydd ac eiliadau ar ôl i'r Arolygydd a'i dditectif ruthro at y swyddfa docynnau a chlywed pobl yn gweiddi a swyddogion y rheilffordd yn ceisio darganfod beth oedd wedi digwydd yno. Cyn hir roedd yr Arolygydd yn gwybod y cyfan. Roedd y disgrifiadau a gafodd gan dystion yn ei arwain i gredu taw Gareth oedd yr un a daflodd y bagiau a'i fod wedi ffoi rhag dau ddyn. Ai dyma'r dynion roedd Gareth yn mynnu iddo eu gweld ar y trên y noson gynt? Y dynion â'r ymbarél?

　　Cuddiodd Alan y tu ôl i un o bileri'r cyntedd a

chlywed yr Arolygydd yn rhoi gorchmynion i'w gynorthwy-ydd i chwilio'r lle. Doedd dim rhaid i Alan feddwl ddwywaith. Damia! Roedd Bulova wedi ennill y blaen arno eto. Penderfynodd adael y lle ar unwaith. Doedd dim pwrpas iddo aros nawr. Doedd dim golwg o Gareth Prys ac yn bendant doedd dim golwg o'r ddau ddihiryn. Aeth o'r lle a cheisio dod o hyd i ffôn.

*   *   *

Dim ond bws lleol oedd hwn, yn mynd i gyrion y ddinas ac yna'n troi'n ôl. Roedd Gareth yn gallu deall cymaint â hynny wrth iddo edrych ar y map ar nenfwd y bws. Pwysodd yn ôl yn ei sedd a cheisio ymlacio. Roedd ei gorff yn crynu i gyd. Wrth i'r bws wau drwy strydoedd y ddinas cafodd gyfle i gasglu ei feddyliau. Bob hyn a hyn stopiai'r bws i godi a gollwng teithwyr. Bryd hynny roedd Gareth yn wyliadwrus iawn. Roedd hi'n bosibl bod y ddau ddihiryn wedi ei weld yn mynd ar y bws a cheisio ei ddilyn. Neu beth am dacsis y ddinas! Fe edrychodd drwy'r ffenest a gweld arwydd yn dangos y ffordd i Périgueux, dinas oedd i'r de o Limoges. O leiaf roedd e'n mynd i'r cyfeiriad iawn. Byddai'n rhaid iddo feddwl am strategaeth newydd pan ddeuai'r siwrnai hon i ben. Fe aeth ei law i'w boced yn ddiymdroi. Tynnodd e lyfr yr Athro allan unwaith eto a fflicio drwyddo'n sydyn. Doedd dim oll yn tynnu ei sylw'n arbennig. Fe ailddarllenodd gyfeiriad Maureen Kinsella. Sut ferch oedd hi? Fe geisiodd ddarbwyllo'i hunan y byddai'r ferch eisiau clywed am funudau ola' ei thad gan yr unig dyst agos, fwy neu lai, i'w farwolaeth. . . Ac roedd e wedi'i atgoffa ei hunan eto o'i addewid i'r hen Athro druan. . . Wel, Barcelona amdani 'te!

* * *

'Does dim golwg ohono fe, *Patron*, na'r dynion eraill,' meddai Hervé ar ôl iddo chwilio'r orsaf.

'O'r fath anlwc, Hervé! Fe ddylen ni fod wedi cadw golwg mwy gofalus ar y boi! Does dim pwrpas inni gymryd adroddiadau gan dystion. . . Fe a i at radio'r car i ddarlledu disgrifiad o Prys, gan fawr obeithio bod rhywun wedi ei weld. Gofynna i'r bobl y tu allan a welson nhw Gareth Prys ac i ba gyfeiriad yr aeth e. Fe dreia i rybuddio'r tacsis a'r bysiau. Efallai y byddwn ni'n lwcus. . . Fe wela i di'n ôl yn y swyddfa.'

Oedd rhai eraill â diddordeb yn Gareth Prys?

* * *

Ymhen ychydig roedd y bws wedi gwagio tipyn ac yn prysur gyrraedd pen ei daith. Edrychodd y gyrrwr sawl gwaith yn ei ddrych er mwyn gweld a oedd y tramorwr twp yn dal ar ei fws o hyd. Fe wenodd Gareth. Doedd dim ots ganddo am y gyrrwr, roedd e'n rhydd ac ar ei ffordd i. . . Ie, ei ffordd i ble? Cyn hir fe gyrhaeddodd y bws ben draw'r daith, ac fe gafodd Gareth yr un edrychiad od gan y gyrrwr wrth iddo ei adael.

Pan lamodd oddi ar y bws edrychodd o'i gwmpas

yng ngwres y prynhawn. Prynhawn poeth anghyff-
redin. Tri neu bedwar bws yn aros o flaen swyddfa
docynnau fach o dan gysgod rhes o goed deiliog. Y tu
ôl i'r swyddfa gwelodd Gareth lawer o lorïau wedi'u
parcio a sylwodd ar yr enwau lleoedd ar y cynfasau
ar eu hochrau: 'Gonzalez. SA. Tarragona.' 'J.C.Tilly,
SA. Transports Internationaux – Limoges – Barcelona.'

Tybed, meddyliodd Gareth. Cerddodd i mewn i faes
parcio'r lorïau, lle roedd pum lori fawr yn sefyll. Roedd
y lle'n dawel a neb i'w weld. Roedd hi'n amlwg bod y
gyrwyr yn mwynhau eu pryd diwedd dydd yn yr
adeilad bach yn rhan bella'r maes. Wrth iddo agor y
drws i fwyty Les Routiers, fe daflodd pawb olwg ato
am eiliad cyn mynd yn ôl at eu bwyd. Eisteddodd
Gareth ar gadair uchel wrth y bar a gofyn am goffi.

*   *   *

Tra oedd Gareth yn ystyried gofyn am bàs, roedd
Bulova a Marcel yn cwrdd â'i gilydd yn eu 'swyddfa'
unwaith yn rhagor ar ôl i'r ddau gymryd y goes o'r
orsaf. Pan godon nhw eu hunain o'r llawr ar ôl
gweithred Gareth fe redon nhw allan o'r orsaf ar ei
ôl. Ond doedd e ddim i'w weld. Yna fe glywson nhw
gar yr heddlu a'i weld yn dod i mewn i glos yr orsaf ar
gyflymder a dau ddyn yn neidio allan. Rhoddodd
Bulova orchymyn i Marcel i ddiflannu a gwahanodd
y ddau i gyfeiriadau gwahanol. Roedd golwg ddiflas
ar eu hwynebau wrth iddyn nhw eistedd yn niogelwch
eu 'swyddfa' unwaith eto.

'Myn diawl i, Marcel. . . Pam na fyddet ti wedi rhedeg ar ei ôl yn gynt. . . Dyma'r ail dro nawr. Roeddwn i'n meddwl y byddet ti wedi dysgu dy wers ar ôl i'r Americanwr 'na ein dal ni mor hawdd. . .' Fe geisiodd Marcel ei amddiffyn ei hun, ond roedd Bulova yn benderfynol o roi'r bai arno am y digwyddiad. 'Mae rhaid dy fod ti'n dwp, Marcel. Pam na fyddet ti wedi gweld beth oedd e'n bwriadu ei wneud â'r bagiau. . . ? Pam mae rhaid i fi ddioddef dy dwpdra o hyd?' Yna fe aeth e'n dawel ac eisteddodd y ddau yn ddigon blin am rai munudau. 'Mae rhaid bod y ddau ddiawl 'na yn cydweithio â'i gilydd.'

'Ond, Bos. Dwyt ti ddim yn cofio pan ddaeth yr Americanwr i mewn i'r stafell? Doedd Prys ddim yn ei 'nabod. Dw i'n siwr o hynny!'

'Ie. . . Ie. . . Efalle dy fod ti'n iawn, Marcel. . . Ie. Efalle. . . Felly. . . roedd yr Americanwr ar ôl yr un peth â ni. . . Roedd yr wybodaeth gan Gareth Prys. Ie, wrth gwrs! Mae hynny'n gwneud sens!'

Roedd wyneb Marcel yn debyg i wyneb bachgen ysgol oedd wedi cael ei symiau'n iawn am y tro cyntaf.

'Damia! Munud arall ac fe fydden ni wedi cael y cyfan oedd yn ei ben. Damia'r Americanwr!' . . . Fe drodd e ar Marcel. 'Rwy'n cofio popeth oedd ganddo fe. Wyt ti, Marcel?' Yn eu meddyliau fe aeth y ddau drwy bopeth ffeindion nhw ar berson Gareth ar ôl iddo gael ei ddal ganddyn nhw a'u rhestru. 'Doedd dim byd arall? Wyt ti'n siwr?'

'Wel ydw, Bos. Fe edrychais i hyd yn oed drwy'r llyfr bach oedd yn un o'i bocedi, ond doedd dim i'w weld ynddo. Ie. Dw i'n siwr. . . Roedd ysgrifen y tu mewn i'r clawr, ond nid dyna beth oedden ni'n chwilio amdano. Dim ond cyfeiriad oedd yno,' ac fe arafodd ei lais wrth iddo gofio. Fe aeth ei stumog yn oer.

'Cyfeiriad? Cyfeiriad? Pa gyfeiriad?' Fe geisiodd Marcel ateb yn hyderus ond roedd pob hyder oedd ganddo yn diflannu'n gyflym. 'Ddwedaist ti taw dim ond llyfr oedd e heb ddim ynddo a nawr rwyt ti'n cofio gweld cyfeiriad rhywun y tu mewn i'r clawr. Pa gyfeiriad? Ateba, Marcel. Pa gyfeiriad?'

Fe welodd Marcel ffordd allan o'i bicil.

'Wel, Bos. Ramblas yn Barcelona. Ie. 'Na fe, Ramblas.'

Doedd Bulova ddim yn mynd i glywed yr enw oedd uwchben y cyfeiriad. Ei gyfrinach e, Marcel, fyddai hynny. Fe deimlodd e chwys oer yn torri allan wrth i lais Bulova godi'n uwch.

'Marcel! . . . Rwyt ti wedi ei gwneud hi eto!' Ac fe gododd e bapur newydd oedd ar y ford a dechrau bwrw Marcel ar ei ben gan weiddi gyda phob cnoc. 'Y ffwlbart. . . y ffwlbart dwl!'

Fe ymdawelodd ar ôl ychydig gan eistedd wrth y ford a'i ben yn ei ddwylo. Fe glywodd Marcel y mwmian dan anadl Bulova, ond doedd dim ots ganddo fe. Roedd e wedi dod allan o'i bicil. Fe fyddai'n datgelu'r enw pan fyddai Bulova mewn gwell hwyl. Fe fu bron i wên dorri ar ei wyneb wrth iddo feddwl pa mor glyfar y bu. Pan gododd Bulova ei ben ar ôl peth amser, gorchmynion oedd ganddo.

'Y car, Marcel! Y car! Rydyn ni'n mynd i Barcelona.

Mae'n rhaid bod y cyfeiriad yn bwysig. Mae'r wybodaeth naill ai yn y llyfr neu ym mhen Gareth Prys. Doedd yr Athro ddim eisiau i'r cyfan fod yn ofer. Brysia, Marcel. Mae ein cyfaill yn gwneud ei ffordd i Barcelona. Fe fyddwn i'n barod i fentro arian arno.'

*   *   *

Penderfynodd Gareth ofyn i un o'r gyrwyr am bàs i'r ffin rhwng Ffrainc a Sbaen. Doedd e ddim yn credu y byddai Bulova neu Alan yn meddwl chwilio amdano mewn lori ryngwladol. Ond sut roedd e'n mynd i ofyn? Naturioldeb. Rhaid bod yn naturiol. Roedd e'n siwr bod rhai o'r lorïau ar eu ffordd i Sbaen. Ond pa rai? Pa yrwyr?

'Fydd rhai o'r gyrwyr hyn yn mynd â'u lorïau i Sbaen?' gofynnodd Gareth i'r perchennog wrth archebu coffi arall. Fe edrychodd y dyn arno'n rhyfedd cyn rhoi ateb.

'Byddan, debyg iawn,' atebodd yn eitha swrth heb godi ei ben. Ac yna, 'Dyna eu gwaith nhw yntê!'

Ac i ffwrdd â fe at y peiriant coffi. Pan ddaeth e'n ôl at Gareth, ddwedodd e'r un gair. Eisteddodd Gareth yn dawel gan yfed ei goffi a cheisio meddwl am ei symudiad nesaf. Roedd blinder ac anobaith yn dechrau cydio ynddo. Pam roedd e'n trafferthu cadw'r llyfr, a rhoi ei fywyd ei hun mewn perygl ar yr un pryd?

Roedd e bron wedi gorffen ei goffi pan glywodd e'r gyrwyr yn symud o'r tu ôl iddo. Cododd Gareth a cherdded allan yn gyflym o'u blaenau. Cerddodd ar draws y maes parcio a sefyll wrth un o'r lorïau.

'Esgusodwch fi. Rydw i eisiau mynd i Sbaen ar frys. . .' Ond fe dorrodd y gyrrwr ar ei draws.

'Dw i'n flin, *Monsieur*, ond dw i ddim yn mynd i Sbaen. . . Beth bynnag, mae rheolau. . .' ac fe ddringodd i'w gab. Dim lwc fan hyn, meddyliodd Gareth wrth gerdded i ffwrdd.

'Wyt ti eisiau mynd i Sbaen?' gwaeddodd llais o'r tu ôl iddo mewn Ffrangeg ag acen Sbaen. Fe gododd calon Gareth wrth iddo droi i wynebu dyn bach cryf, pryd tywyll. 'Dyw pobol Sbaen ddim yn cymryd sylw o unrhyw reolau, *Señor*. Dewch. Mae'r siwrnai'n un hir ac fe fydd cwmni dyn arall yn ei byrhau. Fermin ydw i. Fermin Gonzalez.'

Dringodd Gareth i'r cab a'i gyflwyno'i hun. Taniodd Fermin yr injan ac roedd rhaid edmygu'r ffordd roedd yn trin a thrafod lori mor fawr mewn modd mor ddidrafferth. Cyn hir roedden nhw wedi cyrraedd yr *autoroute* i'r de-orllewin. Ceisiodd Gareth esbonio iddo pam roedd e eisiau pàs.

'Fe es i o'r trên TGV am funud i brynu rhywbeth yn siop yr orsaf ac aeth y trên hebddo i. . .' Fe deimlodd Gareth ei wyneb yn gwrido. Roedd yn gas ganddo ddweud celwydd ond roedd hynny'n well nag adrodd ei stori iawn. Fyddai neb yn ei gredu! Aeth ymlaen â'i gelwydd. 'Ac mae rhaid i fi gyrraedd Barcelona. . . Fe fydd fy nghariad yn poeni amdana i. Roedd hi'n fy nisgwyl y prynhawn 'ma. . . Dw i'n ddiolchgar dros ben ichi am y pàs.'

'Popeth yn iawn, *amigo*. Mae rhaid inni helpu'n

gilydd mewn achos o gariad on'd oes? . . .
Ond. . . Mae rhaid i fi fod yn onest. . . dw i ddim
yn mynd yn syth i Barcelona. . . Dw i'n dadlwytho'r
lori yn nhre Cerbere, ar y ffin rhwng Ffrainc a fy
ngwlad ac yna'n codi llwyth arall i fynd yn syth yn ôl
i Toulouse.' Fe welodd e'r siom yn wyneb Gareth.
'Peidiwch â phoeni. Fe gewch chi drên o Cerbere yn
syth i Barcelona. Mae dau drên cyflym yn mynd i
Barcelona bob dydd. Dim ond mater o oriau ac fe
fyddwch chi ym mreichiau eich cariad. *Dios mio!*
Rydych chi'n lwcus. Fe fydd pum niwrnod wedi mynd
heibio cyn i fi fod ym mreichiau fy Rosita!'

Ac yna fe ddechreuodd e ganu ar dop ei lais.

Gwell deryn mewn llaw. . . sbo! meddyliodd
Gareth a'r cyfnos yn prysur droi'n nos wrth iddyn nhw
ruthro at y ffin. Cyn hir roedd Gareth yn cysgu'n drwm
nes i lais a braich gryf Fermin ei ddeffro.

'*Amigo! Amigo!* Deffrwch. . . Deffrwch. Fe fyddwn
ni yn Cerbere o fewn chwarter awr.' Doedd Gareth
ddim yn meddwl ei fod e wedi blino cymaint ac roedd
hi'n anodd iawn iddo ddod ato'i hunan. 'Ydych chi'n
iawn? . . . Fe fyddwn ni yno cyn deuddeg o'r gloch
ac fe a i heibio i orsaf yr SNCF. . . Fe ollynga i chi
fan'na. Iawn?'

'Diolch o galon ichi'.

'OK. . . OK. . . Pob lwc ichi. Gobeithio na fydd
eich cariad yn rhy grac!'

Ac fe wenodd gan ddangos ei ddannedd gwyn
unwaith yn rhagor.

Ffarweliodd Gareth â Fermin yn gyflym iawn wrth

yr orsaf reilffordd yn Cerbere ac arhosodd ar y palmant am ychydig yn gwylio golau ôl y lori yn diflannu yn y pellter. Roedd digon o bobl o gwmpas o hyd pan gerddodd i mewn i gyntedd yr orsaf. Roedd trên o Baris yn cyrraedd am hanner awr wedi un. Edrychodd o gwmpas yr adeilad ond doedd e ddim yn disgwyl gweld ei ddau ffrind. Cyrraedd Barcelona. Dyna oedd ei brif bwrpas. Efallai wedyn y câi glywed pa mor bwysig oedd y llyfr i'r Athro ac i'w ferch. A beth am Alan? Pwy oedd e? A beth oedd ei ddiddordeb yn y llyfr?

Fe ddaeth blinder mawr drosto wrth iddo ddisgwyl y trên ac fe gysgodd e bron yr holl siwrnai i brifddinas Cataluña. Pan ddeffrodd roedd y wawr yn torri dros Fôr y Canoldir ac yn addo diwrnod braf arall. Gyda lwc fe fyddai yn ei westy ar lan y môr erbyn y nos. Roedd chwant bwyd arno, ond roedd rhaid aros tan Barcelona. Teimlodd e lawer yn well ar ôl ymolchi. Nawr roedd e fwy neu lai yn barod i wynebu gweddill y dydd.

Erbyn i'r trên gyrraedd gorsaf ganolog Barcelona roedd hi'n olau dydd. Yr haul yn tywynnu'n braf a'r orsaf yn brysur iawn. Cerddodd yn gyflym o'r trên at fynedfa fawr yr orsaf. Edrychodd o'i gwmpas gan oedi am funud wrth un o siopau'r orsaf. Yna penderfynodd fod yn fwy gofalus y tro hwn wrth fynd allan o'r orsaf. Gwelodd e grŵp o dwristiaid o'r Almaen ac ymunodd â nhw. Welodd e neb wrth gerdded gyda'r Almaenwyr a phan gyrhaeddodd y grŵp fws mawr oedd yn aros amdanyn nhw, fe gerddodd e heibio iddyn nhw am y stryd brysur.

Ond roedd un person yn arbennig wedi ei weld yn cyrraedd Barcelona a chyn hir roedd person arall wedi ymuno â hi. Fe frysion nhw ar ôl Gareth ac roedden nhw'n benderfynol o beidio â'i golli. Pan oedd e'n ddigon pell o glos yr orsaf fe stopiodd e dacsi. Rhoddodd e gyfeiriad Maureen Kinsella i'r gyrrwr.

'Ramblas? *Si, si, Señor.*'

O fewn munudau roedd Gareth y tu allan i fflat Maureen oedd uwchben bar poblogaidd. Welodd e mo'r tacsi arall yn stopio ychydig i lawr y stryd brysur, ond roedd ei ddau gwsmer yn ei ddilyn â llygaid barcud ac un ohonyn nhw â llygaid syn.

'Ond, Alan. Edrycha! Mae e wedi aros y tu allan i'r fflat. Mae e'n mynd i mewn!'

Roedd Alan yn dawel am eiliad.

'Mae hyn yn golygu un peth yn unig. Rhaid bod y llyfr yn ei feddiant fel roeddet ti'n tybio ac mae e wedi dod i'w roi e iti. Roedd yr hen foi wedi gwneud ei waith wedi'r cyfan ac efallai fod bai arna i yn Limoges. Fe ddylwn i fod wedi dweud y cyfan wrtho fe ar unwaith ond doeddwn i ddim eisiau rhoi sioc iddo.'

Fe edrychodd y ddau ar ei gilydd. Ymhen ychydig eiliadau meddai Alan,

'Mae'n well inni beidio â'i ddilyn. Gad iddo adael y llyfr yn dy fflat. Fydd dim rhaid iti esbonio dim wedyn, na fydd? Bydd e wedi cyflawni ei ddyletswydd.'

Gofynnodd Gareth i'r gyrrwr tacsi aros amdano. Brysiodd at y drws wrth ochr y bar a gweld rhestr o berchenogion y fflatiau uwchben. Fe ddarllenodd

'Kinsella. Studio 3' ac yna cerddodd i fyny'r grisiau at Fflat 3.

'O'r diwedd!' sibrydodd wrth sefyll o flaen drws fflat merch yr Athro Kinsella a chanu'r gloch. Ddaeth neb i'w ateb. Fe ganodd y gloch unwaith yn rhagor ac aros. Neb. Ystyriodd roi'r llyfr drwy'r blwch post ynghyd ag esboniad. Ond na! Roedd e'n benderfynol o weld y ferch yn bersonol. Wrth iddo droi at y grisiau a dechrau gwneud ei ffordd yn ôl i'r tacsi, yn siomedig, fe alwodd rhywun arno o dop grisiau y llawr nesa'.

'*Hola! Hola!*' ac fe ddaeth hen fenyw i lawr y grisiau ato. '*Mañana. Mañana, Señor.*'

Roedd Gareth yn deall cymaint â hynny o Sbaeneg, beth bynnag. Roedd hi'n amlwg na fyddai'r ferch yn ôl tan yfory. Mae'n rhaid ei bod hi'n gwybod am ei thad ac wedi teithio i Limoges. Efallai eu bod nhw wedi pasio ei gilydd ar y stryd!

Pan gyrhaeddodd e'r tacsi holodd Gareth y gyrrwr, trwy stumiau yn bennaf, a oedd yna westy da a rhad yn yr ardal. Gwesty San Domingo oedd yr ateb. Bwriadai aros yn y dref am un noson. Fe fyddai'n gyfle da iddo ymweld â'r hen ddinas hardd. Gallai fynd i'r fflat y peth cyntaf fory. A byddai awr neu ddwy o gwsg mewn gwely clyd yn dderbyniol iawn ar ôl yr holl helynt. Erbyn hyn roedd dwy noson wedi mynd heibio er iddo gysgu'n braf mewn gwely. Roedd e'n teimlo'n ddiogel nawr.

* * *

Fe ddilynodd Maureen ac Alan dacsi Gareth nes iddo stopio o flaen y San Domingo.

'Iawn, Maureen,' dywedodd Alan. 'Rydyn ni'n gwybod lle mae e'n aros. Mae'n amlwg ei fod e eisiau dy weld di.' Meddyliodd e am funud. . . 'Yn ôl â ni i'r fflat. Mae teimlad 'da fi ei fod e wedi rhoi'r llyfr drwy'r blwch llythyron ynghyd ag esboniad. Dŷn ni'n weddol siwr erbyn hyn bod y llyfr gyda fe. Os nad yw, pam mae wedi gwastraffu ei amser yn chwilio amdanat?'

'Mae e'n gwneud synnwyr sbo,' meddai Maureen. 'Iawn. . . Yn ôl â ni 'te. . . Gan fawr obeithio!'

Roedd y ddau yn teimlo'n hapus iawn wrth ddringo'r grisiau at y fflat. Roedden nhw'n siwr bod llyfr yr Athro wedi bod ym meddiant Gareth. Fe agorodd Maureen y drws ac edrych yn y blwch y tu ôl i'r drws. Roedd e'n wag ac roedd y siom yn amlwg ar ei hwyneb pan drodd i wynebu Alan. Eisteddodd y ddau mewn distawrwydd nes i Alan dorri ar y tawelwch.

'Does ond un peth amdani Maureen. Fe fydd e wedi blino erbyn heno, siwr o fod. Cyfle da wedyn. . . Hoffwn i gael gair arall â fe hefyd.' Fe welodd e wyneb Maureen. 'Ond na. Y llyfr yw'r peth nawr. . . Lleia' i gyd mae e'n ei wybod gorau i gyd. Iawn, Maureen? Nawr te. Beth am ychydig oriau o gwsg. . . ac wedyn. . . Ymweliad â Mr Gareth Prys.'

7

A R ÔL I Gareth gysgu am rai oriau fe ddeffrodd yn sydyn. Roedd y stafell yn dwym iawn ac roedd syched arno. Cododd o'r gwely at y poteli dŵr oedd ar fwrdd wrth ei ymyl. Llyncodd yr hylif claear fel llo bach. Wrth edrych allan drwy'r ffenest fe welodd fod y dydd yn ei anterth, a phenderfynodd wisgo a mynd allan i ymweld â'r ddinas. Man a man iddo weld popeth tra oedd e yma. Roedd diwrnod ar gael cyn cwrdd â merch yr Athro. Wedyn, ymlaen am ei wyliau ar y Costa Brava! Fe gododd y ffôn i gysylltu â'i westy gwyliau yn Castell de Mar. Cynigiodd ymddiheuriad i'r rheolwr a dweud y byddai'n sicr o fod yng ngwesty Stella Mar y bore wedyn.

Roedd wrth ei fodd yn crwydro strydoedd Barcelona. Fe ymwelodd â phentre'r Gêmau Olympaidd oedd yn agos at y môr a rhyfeddu at yr adeiladau a fu'n gartref i fabolgampwyr o bedwar ban byd. Ymwelodd â'r Ramblas a bron i bob *plaza* oedd yn y ddinas. Yn ardal y dociau fe arhosodd o dan gofadail enwog Christopher Columbus yn edrych dros Fôr y Canoldir. Roedd e wedi meddwl ymweld â'r ymladdfa teirw oedd ym mharc Montjuich ar gyrion y ddinas, ond ar ôl hir feddwl fe benderfynodd beidio. Cyn mynd yn ôl i'w westy fe gafodd bryd o fwyd, pryd oedd yn nodweddiadol o'r ardal. Cawl, wyau, pysgod, ffrwythau, caws a hufen iâ ac, wrth gwrs, brandi bach. Cododd o'r ford yn fwy na llawn ac yn flinedig. Pan gyrhaeddodd y gwesty roedd e wedi llwyr flino. Rhwng y cerdded, y bwyd a'r brandi, roedd e'n barod am ei wely. Wrth baratoi am noson dda o gwsg fe dynnodd lyfr yr Athro allan unwaith yn rhagor. Byddai'n ei drosglwyddo i ddwylo Maureen Kinsella ben bore fory. Ac wedyn, dyna ddiwedd ar ei ymrwymiad â'r Athro druan. Beth tybed oedd pwysigrwydd y llyfr? Ond roedd yn rhy flinedig i feddwl mwy amdano. Dim ond rhoi'r llyfr yn ôl yn ei boced, rhoi ei gorff blinedig ar y gwely, heb dynnu ei ddillad, a bron cyn iddo roi ei ben ar y glustog, roedd Gareth wedi cwympo i drymgwsg.

Ond roedd 'na bobl eraill nad oedden nhw eisiau cwsg ac roedd eu noson hwythau yn mynd i fod yn un brysur iawn.

* * *

'Na. Ac mae hyn yn bendant. Mae rhaid iti aros yma. Mae dau berson yn mynd i greu lot o broblemau. Mae'n well iti aros yma, Maureen. Unwaith y bydd y llyfr yn fy meddiant i fe ddo i'n ôl yn syth. Wedyn, ymlaen â ni ar unwaith i bencadlys y labordai yn Tarragona.'

Fe feddyliodd y ferch am ychydig.

'O'r gorau, Alan. Fe arhosa i fan hyn. Ond bydd yn ofalus.' Atebodd mo'r Americanwr, dim ond tynnu ei bistol allan o wain dan ei gesail a'i sicrhau hi ei fod yn iawn. Fe ymatebodd Maureen i'w weithred. . . 'Ac Alan. Bydd yn drugarog wrtho fe. . . Dim trais. OK?'

'Maureen fach! Fydd dim angen trais gyda Mr Prys. Na fydd? Fydd e ddim yn gwybod bod y llyfr yn fy meddiant i. Paid â phoeni.'

Ond newidiodd Maureen ei meddwl yn sydyn ac ychwanegodd yn benderfynol.

'Alan. Dw i'n dod hefyd. . . Na. Paid â dweud dim rhagor. Fe all un ohonon ni gadw golwg. . .'

Fe ddaeth cwmwl dros wyneb Alan ond wiw iddo geisio ei pherswadio. Efalle ei bod hi'n iawn.

'O'r gorau. Ond. . .'

Ond roedd hi allan trwy'r drws o'i flaen cyn iddo roi ateb.

Roedd y ddau bâr o lygaid oedd yn eu dilyn wrth iddyn nhw ymadael â'r fflat yn y Ramblas yn hapus iawn. Fe ddilynodd llygaid y ddau gar Mercedes Maureen yn tynnu o'r pafin ac yn dechrau gwau yn araf drwy'r traffig. Dim ond un peth roedd rhaid i Bulova a Marcel ei wneud. Fe symudon nhw'n gyflym iawn gan neidio i mewn i'r car oedd yn aros amdanyn nhw. Wrth iddyn nhw wau drwy'r traffig roedd hi'n hawdd dilyn y Mercedes oedd o'u blaen.

Parciodd Alan gar Maureen mewn stryd wrth ochr gwesty San Domingo. Roedd cyntedd y gwesty yn llawn prysurdeb. Roedd y ddau yn falch iawn o hyn. Byddai'n cuddio eu bwriadau. Aeth Alan at y dderbynfa ac aeth Maureen at y grisiau oedd yn arwain at y llofftydd. Wrth y dderbynfa fe geisiodd Alan edrych fel un nad oedd ganddo ddiddordeb yn y prysurdeb, ond roedd ei lygaid ar symudiadau'r porthor y tu ôl i'w ddesg. Cyn gynted ag roedd y porthor wedi delio â chwsmer â'i gefn at Alan, symudodd yntau'n gyflym i edrych ar lyfr y gwesteion. Roedd y llyfr yn ôl yn ei le cyn i neb sylwi. Trodd Alan a brysio at Maureen oedd erbyn hyn wedi cyrraedd pen grisiau'r llawr cyntaf. Symudodd y ddau'n gyflym at y llawr nesaf, ac aros y tu allan i 'stafell 36. Tynnodd Alan set o allweddi bychain o'i boced ynghyd â chyllyll bach. Doedd dim un drws yn gallu gwrthsefyll offer mor effeithiol! Roedd symud ym myd dihirod yn fanteisiol weithiau. Roedd y penderfyniad eisoes wedi'i wneud. Maureen oedd i fentro i stafell Gareth Prys.

Agorodd Gareth ei lygaid yn sydyn. Roedd rhywun yn ei stafell. Roedd arno ofn symud. Daliodd ei anadl wrth glywed sŵn rhywun yn symud wrth ei ochr. Rhywun yn mynd drwy ei ddillad ar y gadair wrth ochr y gwely! Roedd e'n gorwedd ar ei ochr â'i gefn at y sŵn. Penderfynodd ar unwaith beth oedd i'w wneud.

Neidiodd i fyny gan droi ei gorff ac, ar yr un pryd, ei daflu ei hunan â'i holl nerth i gyfeiriad y sŵn. Fe gyfarfu ei gorff â chorff arall a theimlo llawr y 'stafell oddi tanynt. Rhwng cwsg ac effro ymladdodd yn ddewr â'i ymwelydd nos. Trodd Gareth ei elyn a cheisio eistedd arno er mwyn ei rwystro rhag defnyddio ei ddyrnau. Ond fe ymladdodd ei ymosodwr yn ddewr iawn i'w wthio i ffwrdd. Teimlodd Gareth yr ymwelydd yn dechrau gwanhau ei afael. Cododd ei ddwrn a'i daflu'n galed i'r tywyllwch at y lle roedd e'n tybio y byddai gên ei wrthwynebydd. Ond wrth y sŵn meddal a glywodd nid ei ên gafodd ei fwrw. Roedd yr helynt yn y 'stafell wedi tynnu sylw rhywun arall. Fe ddaeth golau sydyn o gyfeiriad y drws a phan drodd Gareth fe welodd ddyn yn neidio i mewn i'w 'stafell. Ar yr un pryd llifodd golau y 'stafell ar y ddau ar y llawr a rhuthrodd yr ymwelydd newydd atyn nhw. Alan yr Americanwr! Cyn i Gareth sylweddoli beth oedd yn digwydd, fe gydiodd y dyn ynddo a'i godi o'r llawr. Gwelodd law Alan yn symud yn ôl at ei ysgwydd a'i ddwrn yn galed fel pelen o blwm.

'Na! Na!' sgrechiodd llais o'r llawr.

Llaciodd gafael Alan a throdd Gareth i gyfeiriad y llais. Merch oedd yn codi o'r llawr ac yn ceisio ei thacluso ei hun yn gyflym!

'Na. . . Paid, Alan,' rhybuddiodd hi'r eilwaith cyn troi at Gareth. 'Fe roddodd fy nhad lyfr i chi, Mr Prys. Hoffwn i. . .'

Ond chafodd hi mo'r cyfle i orffen ei brawddeg. Fe dorrodd Gareth ar ei thraws ag elfen grac yn ei lais.

'Chi! . . . Chi yw merch yr Athro? . . .' Roedd e bron ar goll am eiriau. 'Pam ar y ddaear roedd rhaid ichi'ch dau ddod yma fel lladron? Pam yr holl nonsens hyn o dorri i mewn i 'stafell?' gofynnodd Gareth a'i lais yn crynu â dicter. Dechreuodd gerdded o gwmpas y 'stafell. 'Fe es i'ch fflat chi bore ddoe er mwyn rhoi'r llyfr i chi. Felly doedd dim eisiau'r holl ddwli 'ma.'

Fel ymateb, cerddodd y ferch ato'n wylaidd iawn,

'Mr Prys. Mae'n flin calon gyda ni am hyn. . . Ond. . .'

'Ie?' meddai Gareth, 'Ond. . . Ond pwy ydych

chi? . . . A pham dych chi'n fy nhrin fel hyn? . . . A
beth ydy'ch rhan chi yn hyn i gyd, Alan? A! Dw i'n
gweld nawr. Dyna'r holl ddiddordeb yno'i yn
Limoges. . . Nid er fy lles i, mae hynny'n amlwg!'

Ceisiodd Alan ateb cyhuddiad Gareth a'i dawelu ar
yr un pryd.

'Peidiwch â chynhyrfu, Mr Prys. . . Gareth. . .
Mae'r atebion yn syml mewn gwirionedd.'

Ond fe gymerodd y ferch drosodd.

'Ydyn. Maen nhw, mewn gwirionedd, Mr Prys. Mae
Alan yn iawn. Edrychwch. Rydw i'n gwybod am
farwolaeth fy nhad. . . ac. . . wel, roedd e eisiau i fi
gael y llyfr oedd yn ei feddiant. . . Roedden ni'n credu
bod y llyfr yn eich meddiant chi. . . Mae e, on'd ydy?'

Fe arhosodd y cwestiwn yn yr awyr ac roedd hi'n
amlwg i Gareth fod y ddau yn embaras iawn wrth
iddi hi ofyn y cwestiwn. Fe dorrodd Alan i mewn. . .

'Mr Prys. Gadewch i fi roi fy nghardiau ar y
ford. . . Rydyn ni'n dau yn gweithio i asiantaeth
bwysig iawn. Asiantaeth sydd yn cydweithio â
llywodraethau'r Gorllewin.' Roedd Gareth yn edrych
arno'n syn. 'Er yr holl newidiadau sydd wedi bod yn y
Dwyrain mae na bobl sydd o hyd yn bygwth y
Gorllewin. Mae hyn yn anodd ichi gredu, dw i'n
gwybod. . . Ac. . . wel, mae llyfr yr Athro yn bwysig
iawn inni. . . Wel, mewn gwirionedd, yn bwysig i
sicrhau heddwch ar ein strydoedd.'

'Heddwch! Heddwch ar ein strydoedd! Llyfr ditectif
yn bwysig i heddwch y byd? Beth dych chi'n feddwl,
ddyn?' Fe edrychodd e ar y ferch i gael cadarnhad o

ffwlbri'r Americanwr. Chafodd e mo'r ymateb roedd e wedi ei ddisgwyl. 'Beth yw hyn? Jôc?'

Ond fe gafodd ymateb i'w gwestiynau yr eildro gan y ferch.

'Dyw hyn ddim yn jôc o gwbl, Mr Prys,' atebodd hi ag angerdd yn ei llais. 'Mr Prys. Fe gafodd dyn ei ladd am y "jôc" hyn. . . fy nhad. . . Fe gafodd ei wenwyno. Ei wenwyno i farwolaeth. . . Wnân nhw unrhyw beth er mwyn cael gafael ar un peth yn unig. . . Y llyfr sydd yn eich meddiant.'

Fe edrychodd Gareth arni'n syn.

'O dewch, Miss Kinsella. Er mwyn llyfr ditectif! A llyfr ditectif digon sâl hefyd os ca i ddweud.'

Ond doedd y ddau ddim yn barod i drafod dim; roedden nhw'n fyr eu hamynedd.

'Mr Prys bach. Dydych chi ddim yn deall y pethau hyn. Dydyn ni ddim yn disgwyl ichi ddeall chwaith.' Ac oddi wrth y dyn:

'Nawr. Mr Prys. Rhowch y llyfr inni. . . i Miss Kinsella. A chyda'n diolch gwresocaf fe awn ni oddi yma a gadael llonydd ichi gysgu,' gan estyn ei law at Gareth. 'Peidiwch â phoeni. Fe fydd e mewn dwylo da. Dyna beth oedd dymuniad yr Athro. . . ei thad yntefe?'

'Ie sbo!' oedd yr unig ateb a ddaeth allan o enau Gareth. Ai breuddwyd oedd y cyfan? Fe aeth at ei ddillad a thynnu'r llyfr allan o boced mewnol ei gôt. 'Beth sy mor bwysig am y llyfr?'

Fe gafodd ateb gan y ferch.

'O dim ond rhyw gôd neu'i gilydd. Côd fydd yn ein

helpu ni i ymladd y dihirod 'ma.'

Fe ddechreuodd y ddau gerdded at y drws.

'Ond, Miss Kinsella. . .' mentrodd Gareth, ' 'dych chi ddim eisiau clywed mwy am. . . am. . . farwolaeth eich tad? Efalle y bydd hynny'n gysur ichi.' Fe arhosodd y ddau wrth y drws.

'Wel na,' meddai'r ferch. 'Y. . . Y. . . fe ges i'r manylion i gyd gan arolygydd yr heddlu yn Limoges. . . Fe fyddai eu clywed eto yn. . . yn. . . wel yn peri loes imi. . . Diolch yn fawr unwaith eto, Mr Prys, am fynd i'r fath drafferth er fy mwyn i. Os galla i wneud unrhyw beth i'ch helpu yn ystod eich ymweliad â'r Costa Brava peidiwch â phetruso cysylltu.'

A chyda hyn fe drodd y ddau ac allan â nhw drwy'r drws.

Eisteddodd Gareth ar ei wely. Roedd y cyfan wedi bod fel breuddwyd. Rhoddodd ei law yn ei boced eto. Na. Roedd y llyfr wedi mynd. Roedd e'n teimlo'n fflat iawn. Roedd cymaint o gwestiynau yn aros. Fe ddechreuodd deimlo'n grac â nhw. Nhw oedd wedi rheoli'r sgwrs, y cwestiynau a'r atebion. Ond beth am fusnes 'helpu llywodraethau. . . asiantaethau' ac ati. . . ?

Trodd i ddiffodd y golau a mynd i'w wely ond ar unwaith dyma'r drws yn byrstio ar agor. Neidiodd o'i wely i weld Maureen ac Alan eto. . . ar frys y tro hwn.

'Rydyn ni'n flin am hyn, Mr Prys, ond mae ein "ffrindiau" yn holi amdanat ti wrth y dderbynfa. Fe fyddan nhw yma cyn pen dim. Rho'r bollt ar y drws,

Maureen. . . Mr Prys , ar unwaith!' Dechreuodd Gareth stwffio'i ddillad i mewn i'w fag. 'Gadewch y cyfan, Mr Prys. . . Brysiwch. . . Dilynwch Maureen.' Fe aeth Maureen at y ffenest agored tra roedd Alan yn eu gwarchod, a'i bistol yn ei law yn barod am unrhyw beth.

'Dewch. Mae dihangfa dân fan hyn sy'n arwain i lawr i stryd gefn. . . Dewch yn glou. . . Dŷn ni ddim eisiau i'r llyfr fynd i'w meddiant nhw. Chi yw'r targed, Mr Prys. Felly dewch!' Ac fe ddilynodd Gareth Maureen at y ddihangfa dân.

Wrth gyrraedd y ddihangfa fe drodd Gareth yn ôl i weld golau o'r coridor wrth i'r drws gael ei fwrw i mewn i'r stafell. Cyn i Alan wneud dim fe saethodd Bulova olau'r stafell allan. Trodd Alan at y ddau a ddaeth i mewn a thanio dwy ergyd cyn troi am y ffenest. Fe wthiodd Maureen Gareth i lawr y grisiau, a'u neidio fesul dau neu dri.

'Peidiwch â phoeni am Alan,' gwaeddodd Maureen. 'Bydd e'n iawn. . . Mae'n e'n gallu gofalu amdano'i hunan. Dewch! At y car!'

Ond roedd lwc Alan wedi rhedeg allan. Ar ôl iddo danio at y ddau ddihiryn fe aeth Marcel i un ochr iddo a Bulova i'r ochr arall ac yn y tywyllwch fe lwyddodd Bulova i'w fwrw i'r llawr. Ceisiodd godi. Ond roedd pwysau'r dyn mawr yn ormod iddo. Fe deimlodd anadl sur Bulova wrth ei glust.

'Rhy hwyr, Mr Americanwr. . . Rhy hwyr. . .' Cododd Bulova Alan o'r llawr fel doli glwt. Roedd y gwynt wedi mynd allan o'i hwyliau heb os nac oni bai! 'Wel, Marcel. . . Gwell aderyn mewn llaw na dau mewn llwyn. . . ontife gyfaill? Does dim rhaid inni ruthro ar ôl y ddau yna nawr. Mae rhywbeth gyda ni i fargeinio. . . on'd oes? Gwystl bach defnyddiol. . . Ie. Defnyddiol iawn. . . Tyrd, Marcel! . . . Nawr. Dim triciau. Fe fyddwn ni'n cerdded i lawr y grisiau fel tasai dim byd wedi digwydd. Iawn, Americanwr?' Ac fe deimlodd Alan bistol Bulova yn ei gefn. 'Cydia dan ei fraich, Marcel. Mae e wedi cael gormod i'w yfed. On'd wyt ti, 'ngwas i?'

Fe ddaeth y pistol i lawr ar ei war cyn i Alan sylweddoli beth oedd wedi digwydd ac fe gwympodd i freichiau Marcel fel sachaid o datws.

* * *

Pan gyrhaeddodd y ddau waelod y ddihangfa dân fe edrychodd Maureen yn ôl at y ffenest ar ail lawr y San Domingo. Doedd Alan ddim i'w weld ond fe glywson nhw weiddi o'r stafell. Rhuthrodd hi at y car yn y stryd ochr. Dilynodd Gareth hi fel gwas bach. Pan gyrhaeddon nhw'r car stopiodd Gareth a throi at y ferch.

'Beth am Alan? Mae rhaid inni ei helpu.'

Ond yr unig ateb gafodd Gareth oedd,

'I mewn i'r car ar unwaith. Nid chwarae plant mo hyn. Roedd Alan yn disgwyl problemau tebyg i hyn pan ymunodd â ni.'

Fe drodd hi'r injan a saethodd y car i fyny'r stryd. Pa fath o ferch oedd hon? Yn gadael ei chyfaill yn nwylo'r ddau walch yna! Edrychodd Gareth yn ôl wrth i'r car saethu ymlaen i'r ffordd fawr ond welodd e neb yn eu dilyn. Roedd Alan yn eu dwylo. Edrychodd Gareth ar Maureen yn gyrru'r car, yn meddwl am ddim ond y ffordd o'u blaen. Roedd hi'n noson dwym a llaith ond roedd Gareth yn dechrau teimlo'n oer wrth i'r car gyflymu. Cyn hir roedd y car yn gwau drwy draffig hwyr Barcelona.

'Rhaid inni fod ar ein gwyliadwriaeth heno, Mr Prys. . . Gareth,' meddai Maureen, wrth iddi hi droi'r car i lawr lôn gefn y tu ôl i'w fflat yn y Ramblas. 'Mae'r car bach yn mynd i gysgu dan do heno. Dw i ddim eisiau tynnu gormod o sylw.' Fe wnaeth hi'n siwr fod y cyfan yn ddiogel gyda gofalwr nos garejys y fflatiau. 'Fe wnaiff e gadw golwg ar y car. Dewch! Rhaid inni feddwl am ein camau nesa'.'

Wrth gamu i fyny'r grisiau at y fflatiau roedd meddwl Gareth yn gymysg iawn. Ni? Doedd e ddim eisiau cael ei dynnu i mewn i fwy o'r dwli hyn. Ond roedd e'n benderfynol o un peth. Fe fyddai'n mynnu cael y gwir gan Maureen Kinsella; nid y stori wan gafodd e yn ei westy. Roedd ei fywyd wedi bod yn y fantol yn rhy aml yn ddiweddar ac yntau i fod ar ei wyliau!

Pan gyrhaeddon nhw'r fflat aeth Maureen at y ffenestri mawr ac edrych i lawr i'r stryd brysur a swnllyd.

'Peidiwch â throi'r golau ymlaen,' meddai. 'Mae digon o olau yn dod o'r stryd. Rhaid inni ddioddef y sŵn, gwaetha'r modd.' Ac fe'i taflodd ei hun i mewn i gadair esmwyth. 'Rhaid i fi feddwl.'

Edrychodd Gareth yn syn wrth iddi dynnu pistol allan o wain yn ei belt a'i roi ar y ford wrth ei hochr. Roedd digon o olau yn y 'stafell i Maureen weld y syndod ar ei wyneb.

'Gareth. Peidiwch â phoeni. Rydych chi wedi gweld ein bod ni'n byw bywyd hollol wahanol i chi. . . Mae rhaid ichi ei baglu hi o'ma y cyfle cynta gewch chi. Does a wnelo hyn ddim â chi.' Cerddodd Gareth o'r ffenest a sefyll o'i blaen hi.

'Maureen!' Hyn mewn llais penderfynol ag elfen ddiamynedd. 'Rydych chi ac Alan wedi fy nhrin i fel bachgen ysgol. Edrychwch. Fe welais i eich tad yn marw. Fe ges i fy erlid gan y dynion â'r ymbarél. Fe ges i fy holi gan heddlu Ffrainc. . .'

'Arhoswch, Gareth! Arhoswch!' Cododd hi o'i chadair a cherdded at olau'r ffenest heb fynd yn rhy agos ati. Yna ar ôl myfyrio am ychydig eiliadau fe drodd hi ato. 'Rydych chi'n iawn Gareth. Rhaid i fi fod yn onest â chi. . . Ond y bwriad oedd ein bod ni'n cadw'r cyfan oddi wrthych er mwyn eich diogelwch chi. Dyna oedd yr unig reswm. Mae rhaid ichi gredu hynny.'

Edrychodd Gareth arni heb ddweud yr un gair. Roedd e'n barod i wrando arni.

'Roedd yr Athro Kinsella yn gweithio mewn labordy ym Mhrifysgol Harvard. . . A chyda llaw, Gareth. . . Nid fy nhad iawn i oedd yr hen foi.'

'Nid eich tad!' meddai Gareth, 'ond fe ddwedodd taw mynd at ei ferch oedd e. . . a. . .'

'Gwrandewch, Gareth! Mae Alan a minnau'n gweithio i Asiantaeth Gyffuriau Fyd-eang. A'n swyddogaeth ni yw dod o hyd i ffatrïoedd cyffuriau dros y byd i gyd. Mae 'na gannoedd ohonon ni. Roedd Kinsella yn rhan o'r un tîm ac roedd e'n gweithio ar fformiwla i wella pobl oedd yn dioddef o schizophrenia. Yn ddamweiniol hollol fe ychwanegodd elfen oedd wedi troi'r fformiwla wreiddiol yn gyffur can gwaith gwell yn gemegol nag unrhyw gyffur arferol. Nid yn unig hynny, roedd y broses o'i gynhyrchu yn rhatach na dim oedd ar y farchnad. Fe sylweddolodd ar unwaith fod ganddo "fom atomig" yn ei feddiant. Tasai'r fformiwla yn cwympo i ddwylo'r Maffia neu'r Triads fe fasai'r byd i gyd yn wynebu trychineb enbyd. Cyffur rhad i'w gynhyrchu a chanddo nerth anhygoel. Yn anffodus roedd un o'i gydweithwyr, Al Gatti, yn cydweithio â'r Maffia. Roedd e wedi cael ei roi yn y labordy yn bwrpasol ganddyn nhw. Does dim rhaid i fi ddweud beth ddigwyddodd wedyn. Pan sylweddolodd Kinsella beth oedd wedi digwydd, fe faglodd o'r lle a mynd â'r cyfan o'r wybodaeth oedd ganddo. Fe lwyddodd i guddio'r wybodaeth yn y llyfr. Ac ers hynny maen nhw wedi bod yn ceisio ei ddal er mwyn cael yr wybodaeth ganddo. Rydyn ni'n credu taw damwain oedd ei farwolaeth. Fasen nhw wedi hoffi ei ddal a'i arteithio i ddod o hyd i'r fformiwla. Nawr ydych chi'n deall pam nad oedden ni eisiau eich tynnu chi i mewn i'r fath fyd? Does dim iot o gydwybod gyda phobl fel Bulova. Mae bwriad arall gyda nhw hefyd. Creu anhrefn yn y Gorllewin.'

'Wrth gwrs!' gwaeddodd Gareth gan gerdded ati'n gyffrous. 'Mae'r fformiwla yn y llyfr.' Fe dorrodd gwawr o ddealltwriaeth dros ei wyneb. 'Wrth gwrs!' gwaeddodd eto fel pe bai e wedi dod o hyd i gliw pwysig mewn croesair. 'Yn y llyfr!' Ond fe stopiodd. 'Ond ble yn y llyfr, Maureen? Does dim sy'n anghyffredin ynddo. Nac oes?'

Fe aeth Maureen at boced ei chôt ac yna estyn y llyfr i Gareth.

'Trowch at dudalen 18. Fe ges i ngeni ar y deunawfed. Nawr. Beth welwch chi?' Ond er edrych yn fanwl doedd dim byd anghyffredin ar y dudalen. 'Na. Does dim i'w weld o'i le, nac oes? Reit. Nawr. Fis Mai yw mis fy mhen blwydd. Y pumed mis. Ychwanegwch naw a dau. Hynny yw, eleni, 1992. A'r ateb. . . Ie. Un deg chwech. Edrychwch ar y 'i' cyntaf yn y llinell. Mae'r dot uwchben yr 'i' yn ficrodot. Mae'r holl wybodaeth am y fformiwla yn y dot yna. Fe wnaeth Kinsella ficrodot. Rhywbeth sy'n hawdd ei wneud â'r offer iawn. . . A dyna pam roedd y llyfr mor bwysig. Ac mae ein diolch i chi. Sut deimlad ydy e i feddwl eich bod chi wedi bod yn helpu i amddiffyn y byd rhag drygioni?' chwarddodd. Roedd llawer o gwestiynau gan Gareth eto.

'Ond Maureen. Beth am Alan? Dydych chi ddim yn poeni ryw lawer amdano. Ydy e wedi cael ei ladd ganddyn nhw?'

'Dw i ddim yn credu, Gareth. Nac ydw. Mi rydw i'n poeni amdano. Yn poeni llawer. Ond dyw Alan ddim yn dwp. Mae e'n deall y sefyllfa. A dyw Bulova ddim yn dwp chwaith. Gewch chi weld. . . Beth am lasiad o rywbeth?'

Roedd ei hymateb i sefyllfa Alan yn anhygoel a dweud y lleia. Glasiad o rywbeth! Yn sydyn fe gafodd distawrwydd y stafell ei chwalu gan wichian uchel y ffôn. Neidiodd Maureen ato. Ddwedodd hi mo'r un gair. Dim ond gwrando. Wrth roi'r ffôn yn ei gawell fe arhosodd yn dawel am funud cyn troi at Gareth.

'Wel, Gareth. Ydych chi wedi gweld Mynachdy Monserrat erioed? Naddo? Wel, dyma gyfle da ichi. Mae Bulova eisiau trafod dyfodol Alan a'r llyfr. Bydd e'n ein disgwyl ni. . . ie, NI, o flaen porth dwyreiniol yr Abaty am wyth o'r gloch y bore 'ma!'

8

WEDI I Maureen roi'r ffôn i lawr croesodd hi'r stafell a chynnau'r golau.

'Does dim pwrpas inni eistedd yn y tywyllwch nawr. . . Roeddwn i wedi disgwyl ymweliad neu ryw dric arall gan Bulova. Doedd e ddim yn mynd i gael gwared ar Alan, dyna un peth oedd yn sicr, ac yntau'n garden *Ace* mor werthfawr. Alan yn gyfnewid am y llyfr. Mae mor syml â hynny. Maen nhw wedi sylweddoli gwerth y llyfr. . . Nid difater oeddwn i. Rŷn ni wedi bod mewn sefyllfaoedd tebyg o'r blaen. Bu bron i fi golli fy mywyd yn Venezuela rai blynyddoedd yn ôl ac, oni bai am Alan, fyddwn i ddim yma i siarad amdano. Felly, Gareth, dw i'n 'nabod y diawliaid. Os oes unrhyw beth neu berson y gallan nhw ei ddefnyddio er mwyn cael unrhyw beth mae eisiau arnyn nhw, fe wnân nhw hynny. Ond fe gân nhw'r llyfr.'

Edrychodd Gareth yn syn arni. Roedd golwg feddylgar ar ei hwyneb. Bu distawrwydd am ychydig.

'Ond pam fi, Maureen? Pam mae eisiau fy ngweld i?' gofynnodd Gareth, 'Dw i ddim yn perthyn i'ch grŵp chi. . .'

'Nac ydych, Gareth. Ond mae e'n meddwl eich bod chi'n un ohonon ni, yn enwedig ar ôl i Alan eich achub o'u dwylo yn Limoges. Reit,' meddai Maureen, 'mae diwrnod prysur o'n blaenau. Ewch i orwedd. Bydd y wawr ar ein pennau mewn byr amser. . .' Ac yna, 'Gareth. Dw i ddim eisiau eich rhoi chi mewn sefyllfa fel hyn, ond mae arna i ofn y bydd Bulova yn gwneud rhywbeth twp os na fyddwn ni'n ufuddhau. Peidiwch â phoeni. Fe fydd Alan yn ôl gyda ni yfory a chithau ar eich ffordd i'r gwesty 'na ar lan y môr.'

*　*　*

Daeth y bore.

'Dewch Gareth. Mae'n flin 'da fi, ond mae'n amser inni symud.'

Taflodd Gareth ychydig o ddŵr dros ei wyneb ac yna ei ddilyn i'r garej yng ngwaelod yr adeilad. Fe welon nhw fod y car yn iawn a chafodd y gofalwr nos gildwrn ganddi. Taniodd yr injan ar y cynnig cyntaf ac fe gyrhaeddon nhw'r awyr agored a gweld y wawr yn torri dros adeiladau'r ddinas. Roedd y strydoedd yn wlyb gan ddŵr y glanhawyr stryd, ac fe synnodd Gareth o weld cynifer o bobl ar y stryd mor fore.

Cyn hir roedd canol y ddinas wedi diflannu ac roeddyn nhw'n saethu drwy gyrion Barcelona. Gyrrai Maureen yn hyderus ond roedd hi'n dawedog iawn. Penderfynodd Gareth beidio â chodi sgwrs â hi. Erbyn iddyn nhw gyrraedd y gwinllannoedd a'r meysydd ffrwythlon oedd yn cwmpasu'r ddinas roedd yr haul yn dechrau cynhesu'r tir. Yn raddol dechreuodd y ffordd godi at y mynyddoedd uchel ac fe sylwodd Gareth ar dirwedd fwy caregog a chreigiog. Nid bryniau oedd i'w gweld nawr ond mynyddoedd uchel a cholofnau o wenithfaen fel tyrau eglwys gadeiriol yn codi i'r awyr. Tynnodd Maureen i encilfa wrth ochr y ffordd a throi at ei chyd-deithiwr.

'Reit! Gadewch i fi roi cefndir y lle ichi cyn inni gyrraedd. Fe welwch chi cyn bo hir fod Mynachdy Monserrat mewn safle uchel, bron ar gopa'r mynydd-oedd sy wrth droed y Pyreneau. Dim ond dwy ffordd sydd i'w gyrraedd. Y ffordd mae bysiau'r twristiaid yn ei defnyddio, neu ar y trên ar hyd y lein fach sy'n codi o'r dyffryn wrth ei draed. Fydd Bulova ddim eisiau tynnu sylw neb gan y bydd y lle'n llawn twristiaid erbyn inni gyrraedd. Fel y gwelwch chi.' Ac fe drodd ei phen at y bysiau a'r ceir oedd eisoes yn rhuthro heibio iddyn nhw. 'Dyna'r fantais sy gyda ni. Twristiaid. . . Fe fyddwn ni'n gallu eu defnyddio i ffoi os bydd rhywbeth yn mynd o'i le. Fasai Bulova byth yn meiddio gwneud unrhyw beth yng nghanol yr holl dyrfa. . . Dilynwch fi. A pheidiwch â gwneud dim nes i fi ddweud wrthych.'

Wrth droi ei olwg i'r ffordd oedd yn codi o'u blaenau, fe ddechreuodd Gareth deimlo'n fwy hyderus. Roedd popeth yn mynd i fod yn iawn. Fe drodd Maureen ei char i mewn i'r llif traffig.

*   *   *

'Peidiwch chi â phoeni, Americanwr. Fe fydd eich ffrindiau yma cyn hir. Bydd hi'n braf bod gyda'n gilydd unwaith eto. Yn ffrindiau i gyd,' gan chwerthin yn greulon.

Chododd Alan mo'i ben i edrych ar Bulova. Fe dynnodd yn dawel unwaith yn rhagor ar y rhaffau oedd yn ei gaethiwo. Torrodd llais Bulova ar draws ei feddyliau unwaith eto.

'Marcel. Cer at y porth gorllewinol a chadw golwg allan amdanyn nhw. Dŷn nhw ddim wedi cyrraedd eto, neu fyddai Gonzalez wedi ein rhybuddio. Dw i eisiau gwybod pryd y byddan nhw'n cyrraedd y grisiau o flaen yr eglwys. Fydd ein cyfaill arall ddim yn gallu eu dilyn drwy'r holl dwristiaid fydd yma erbyn hyn. Cofia, dwpsyn, does dim eisiau sgwrs ar dy radio. Dim ond un gair. "Yma". Ac wedyn yn dy ôl yn syth. Fe drefna i'r croeso iddyn nhw i Monserrat. . . Nawr. Cer! Ar unwaith!'

Ac fe ddiflannodd Marcel fel cwningen drwy ddrws isel oedd yn arwain drwy goridor hir a thawel i gorff eglwys yr abaty. Erbyn hyn roedd tafod Alan yn sych gorcyn a'i wefusau'n llawn poen gan y darn defnydd roedd Marcel wedi ei stwffio i'w geg ar ôl iddyn nhw gyrraedd yr abaty ychydig oriau cyn hynny. Roedd hi'n amlwg iddo bod breichiau barwniaid cyffuriau rhyngwladol yn ymestyn hyd yn oed at gymdeithasau crefyddol o weld y croeso gafodd Bulova gan un o fynachod yr abaty. Fe gawson nhw eu harwain i'r 'stafell dawel yn ddidrafferth ac yno fe gafodd Alan ei glymu'n ddi-seremoni i gadair galed.

'Wiw i'ch ffrindiau dreio unrhyw driciau, walch bach. Mae Bulova'n barod amdanyn nhw. Gyda fi mae'r fantais fargeinio y tro hwn. A chyn hir bydd

cyfrinach y llyfr yn fy meddiant. Ac wedyn. . .'
chwarddodd.

Trodd calon Alan yn blwm yn ei frest. Fyddai dim
gobaith gan Maureen y tro hwn, heb sôn am Gareth
druan.

*   *   *

Fe glywodd Marcel yr un neges ag a gafodd Bulova ar
ei radio wrth i Maureen yrru ei char yn araf i mewn
i'r *plaza* enfawr oedd o flaen yr abaty. O'i safle ar ben
y grisiau oedd yn arwain at borth yr eglwys fe welodd
Marcel y car yn symud yn ara' deg tuag at y maes
parcio mawr oedd ag ychydig leoedd parcio gwag.

'Mae rhywun o'i griw wedi ein gweld ni erbyn hyn,
siwr o fod. Felly mae Bulova yn gwybod ein bod ni
wedi cyrraedd,' dywedodd Maureen wrth i'r ddau godi
allan o'r car.

Edrychodd Gareth o'i gwmpas ond welodd e neb
oedd â diddordeb amlwg yn eu symudiadau. Roedd y
plaza o flaen yr abaty yn llawn o bobl yn cerdded i
bob cyfeiriad. Fe wnaeth y ddau eu ffordd drwy'r dyrfa
at borth gorllewinol yr eglwys. Gareth oedd y cyntaf i
weld Marcel yn ceisio cuddio y tu ôl i un o'r pileri
oedd yn addurno porth yr eglwys.

'Dewch, Gareth,' sibrydodd Maureen, 'Ydy Marcel
wedi ein gweld? Fe awn ni at ochr ddwyreiniol yr
eglwys a gobeithio na fydd e wedi gweld ein symudiad.
Dewch!'

Ymhen ychydig eiliadau fe aethon nhw o olwg
Marcel. Wrth iddyn nhw basio oddi tano fe sylwodd

Maureen ar y radio oedd yn ei law. Ymhen dim, cyrhaeddodd Maureen a Gareth y porth dwyreiniol. Fe gyfeiriodd Maureen a Gareth at y drws gan daflu golwg y tu ôl iddyn nhw cyn mynd i mewn. Roedd y porth yn eu harwain i mewn i gorff yr eglwys y tu ôl i'r man lle roedd Marcel yn eu disgwyl. Fe edrychodd Maureen o gwmpas yr eglwys fawr ar y bobl yn cerdded ar hyd y lle yn edrych ar harddwch y celfi eglwysig. Eisteddai rhai yn y seddau yn wynebu'r allor, yn amlwg yn myfyrio. Penliniai eraill mewn gweddi. Fe welodd Gareth grŵp mawr o amgylch delw fyd-enwog y Forwyn Fair Groenddu, ond chafodd e mo'r amser hyd yn oed i feddwl am symud ati i'w gweld. Fe dynnodd Maureen ei fraich a'i gyfeirio at ddrws isel mewn rhywbeth tebyg i gwpwrdd anferth oedd fel petai'n pwyso yn erbyn wal yr eglwys. Tynnodd Maureen y llen oedd yn hanner cuddio'r drws. Fe'i hagorodd yn araf cyn edrych i mewn yn gyflym i 'stafell fach. Wedi i Gareth gloi'r drws ar ei ôl fe welodd e resi o ddillad mynachod yn hongian ar reilen hir ar draws y 'stafell. Trodd Maureen at Gareth gan wenu.

'Reit! Ffeindiwch wisg fydd yn eich ffitio chi.'

Ac fe symudodd y ddau at y gwisgoedd a dechrau chwilio.

*   *   *

'Marcel! Marcel! Beth ddiawl sy'n digwydd? Trosodd.'

'Yn clywed. Yn clywed. Fe ddywedaist ti wrtho i am beidio â siarad. . .'

'Cau dy geg, y ffwlbart. Ble maen nhw? Ydyn nhw wrth y porth? Mae'r amser yn cerdded. Rho wybod. . . O, damia di, Marcel. Trosodd'

'Does neb i'w weld hyd yn hyn, Bos. Sneb yn mynd i 'mhasio i. Paid ti â phoeni, Bos. Trosodd.'

'Dere'n ôl fan hyn ar unwaith! Mae'n amlwg bod rhaid i fi wneud popeth. Yn ôl!'

Rhoddodd Bulova ei radio ar y bwrdd o'i flaen. Edrychodd ar Alan a dechrau dweud rhywbeth, ond newidiodd ei feddwl gan gerdded ar hyd y stafell fel anifail mewn caets. Roedd Bulova'n poeni! Fe gododd calon Alan. Roedd rhywbeth o'i le! Doedd cynlluniau Bulova ddim yn gweithio fel y dylen nhw.

* * *

Symudodd y ddau 'fynach' at y porth oedd yn agor i gorff eglwys yr abaty a chuddio y tu ôl i un o'r pileri mawr oedd yn dal to cerfiedig hardd yr eglwys. Edrychodd y ddau i gyfeiriad y porth ar y bobl oedd yn dod i mewn. Yna, yn sydyn, fe deimlodd Gareth benelin Maureen yn gwthio ei ochr.

'Dacw fe. Dacw'r gwalch Marcel,' sibrydodd Maureen. 'Dewch, Gareth. Fe wnawn ni ei ddilyn e. Fe fydd e yn ein harwain ni at Bulova.'

Symudodd y ddau at ganol yr eglwys gan gadw llygad ar Marcel oedd yn symud yn gyflym i gyfeiriad organ fawr yr eglwys. Safai'r organ yn eil ochr yr adeilad uwchben drws isel. Fe welodd y ddau Marcel yn cerdded yn gyflym at y drws. Wrth ei agor fe daflodd

Marcel olwg dros ei ysgwydd cyn mynd trwyddo. Arhosodd y ddau am eiliad.

'Nawr te, Gareth. Fe af fi i mewn yn dawel. Plygwch eich pen a thynnwch y cwfl drosto er mwyn cuddio'ch wyneb. Fe wna i'r un peth. Bydd hynny'n rhoi ychydig o eiliadau o fantais i fi.'

Wrth i Maureen symud at y drws fe welodd Gareth y symudiad o dan ei gwisg. Roedd y pistol yn barod i gyfarfod ag unrhyw broblem.

'Reit, Gareth. Arhoswch fan hyn rhag ofn y daw unrhyw drafferth o gyfeiriad cyfeillion eraill Bulova. Os gwelwch chi rywun neu rywbeth amheus curwch yn galed ar y drws.' Gafaelodd hi yn ei law a gwasgu rhywbeth iddi wrth droi at y drws. ' Dim ond ffonio'r rhif sy ar y garden ac fe ddaw rhai atoch chi ar frys i'ch helpu. Fe fydd y llyfr yn ddiogel yn eu meddiant nhw.'

A chyda hynny, fe agorodd hi'r drws yn ara deg a gwelodd Gareth goridor hir. Fe gaeodd hi'r drws a diflannu i dywyllwch y coridor.

*   *   *

Edrychodd Alan ar Bulova'n ceryddu Marcel. Bu bron iddo ei fwrw unwaith.

'Beth yn y byd oedd arnat ti'r ffwlbart? Gwaith syml iawn. Gwaith plentyn bach. Ie. Plentyn bach. Mae'n siwr gen i eu bod nhw wedi mynd heibio iti.'

Fe geisiodd Marcel ateb y cyhuddiadau, ond wiw iddo wneud. Roedd Bulova yn ei lawn hwyliau. Ar ôl ceryddu Marcel fe gerddodd at y drws ond roedd rhaid iddo droi arno unwaith yn rhagor.

'Arhosa di fan hyn, twpsyn. . . Ydy hi'n bosibl y gelli di wneud un peth bach yn iawn. . . ? Cadwa dy lygaid arno fe.' Ac fe nodiodd ei ben at Alan. 'Af fi i weld beth sy'n digwydd.'

Pan agorodd e'r drws fe neidiodd yn ôl i mewn i'r stafell fel petai wedi gweld ysbryd ac fe welodd Alan fynach yn cerdded i mewn ac yn wynebu Bulova. Ond nid mynach cyffredin mo hwn. Roedd pistol yn ei law.

'Yn ôl at y bwrdd Bulova a dim triciau.'

Roedd Alan yn 'nabod y llais ar unwaith. Llais Maureen! Fe daflodd hi gwfl ei gwisg yn ôl o'i hwyneb.

'Iawn, Bulova. Rhowch eich pistol ar y bwrdd. . . Nawr! Dim triciau. . . Yn araf os gwelwch chi'n dda. . . O'r gorau, Marcel. . . Gwnewch chi'r un peth.'

Rhoddodd Marcel ei bistol ar y ford wrth ochr un Bulova.

'Marcel. Rhyddhewch Alan. . . Peidiwch edrych ar Bulova. Nawr!'

Symudodd Marcel at Alan gan ddatod ei raffau. Arhosodd Bulova yn ei unfan fel delw. Doedd e ddim yn gallu credu'r peth.

'Iawn, Marcel. Nawr. Clymwch Bulova i'r gadair.' Dechreuodd Bulova brotestio a cherdded tuag at Maureen. 'Yn ôl, Bulova! Yn ôl!' gwaeddodd Maureen yn uchel. 'Alan. Helpa Marcel.' Ac fe aeth Bulova at y gadair fel oen i'r lladdfa. Clymodd Marcel Bulova i'r gadair ac fe gafodd Alan dipyn o bleser wrth iddo oruchwylio'r gorchwyl.

'Y clymau yn dynn, Marcel!' gorchmynnodd Alan. 'Dw i am i Bulova gael y teimlad o raffau tynn yn gwasgu arno. Nawr, Bulova. Joiwch eich ysbaid yn y gadair esmwyth 'na. Reit, Marcel. Trowch eich cefn at y sedd.'

Cyn pen dim roedd y ddau wedi eu clymu'n dynn gefn wrth gefn. Ond roedd un gorchwyl ar ôl gan Alan. Rhoddodd e'r gag oedd ychydig o funudau'n ôl yn ei geg yntau i mewn i geg Bulova o dan lawer iawn o brotestio. Cafodd Marcel yr un driniaeth a gwnaeth Alan yn siwr fod y clymau yn dynn y tu ôl i'w pennau.

Dechreuodd Alan ddiolch i Maureen ond fe dorrodd llais bach ar draws ei siarad. Edrychodd y ddau ar ei gilydd ac wedyn aeth eu llygaid o gwmpas y 'stafell. Doedd neb i'w weld.

'Poced Bulova!' gwaeddodd Alan a chyn pen dim roedd y radio bach yn ei ddwylo.

'Mynach Tri i'r Pennaeth. Trosodd. . . Mynach Tri yma. . . Trosodd. . .'

'Reit, Maureen' meddai Alan. 'Does dim amser i'w golli. Rhaid inni fynd oddi yma ar unwaith. Fe fydd perchennog y llais yna'n cyrraedd cyn hir.' Trodd yn ôl at Bulova. 'Fe fyddwch chi mewn carchar heno, Bulova, a fi fydd yn taflu'r allwedd i'r môr.'

Cerddodd Maureen at y ford gan edrych i lygaid Bulova.

'O ie, Bulova. Dyma'r llyfr roeddech chi mor awyddus i gael eich dwylo brwnt arno.' Ac fe daflodd hi lyfr ar y ford o'i flaen. Dechreuodd Alan ddweud rhywbeth ond gyda 'Hwyl, gweilch!' fe'i gwthiodd hi fe o'r stafell ac i lawr y coridor. Roedd Gareth yn eu disgwyl.

'O diolch byth!' meddai wrth weld y ddau. Fe wenodd ar y ddau ond roedd cwestiwn pwysig i'w ofyn gan Alan.

'Maureen! Nid y llyfr. . .' Ond orffennodd e mo'i eiriau wrth weld y wên chwareus ar wyneb Maureen. Fe ddaeth golwg mwy difrifol dros ei hwyneb.

'Dewch, Gareth. Peidiwch oedi. Rhaid inni symud yn gyflym iawn'.

'Reit, Maureen. Pa ffordd?'

Ac fe groeson nhw'r eglwys at y drws bach ochr yn ymyl y 'stafell wisgoedd. Roedd y torfeydd yn fwy niferus erbyn hyn ac roedd hi'n amhosib gweld a oedd Mynach Tri wedi dod i mewn i'r eglwys i weld pam na chafodd ateb gan Bulova.

'Reit, Alan. Gwisgwch un o'r rhain. Fe awn ni allan drwy'r drws ochr a gwneud ein ffordd at y car. Cofiwch taw mynachod ydyn ni.'

Fe gerddon nhw a'u pennau i lawr fel mynachod mewn gweddi a gwneud eu ffordd drwy'r torfeydd at y maes parcio a diogelwch car Maureen. Rhuthrodd un dyn heibio iddyn nhw ac roedd radio yn ei law. Tybed ai Mynach Tri oedd hwnnw? Beth bynnag, roedden nhw'n rhydd ac fe fydden nhw o'r lle cyn iddo ryddhau Bulova.

Wrth iddyn nhw nesáu at y car roedd gan berson arall â radio yn ei law ddiddordeb yn y mynachod. Ers pryd mae mynachod yn gwisgo sgidiau rhedeg oedd y cwestiwn yn ei feddwl? Fe siaradodd yn gyflym i mewn i'w radio ac yna symud at y tri mynach. Pan oedden nhw ryw ddeg llath o'u car, fe gododd Alan ei ben a gweld dyn â radio yn symud ato. Taflodd ei gwfl yn ôl o'i wyneb. Doedd dim pwrpas i'r cuddio bellach.

'Am y car. Ar unwaith. Maen nhw wedi ein gweld.' Ac fe redodd y tri nerth eu traed at gar Maureen oedd ychydig o lathenni i ffwrdd. Roedd yr allweddi yn barod yn llaw Maureen. Cyrhaeddodd y dyn yno o'u blaen gan dynnu pistol allan a'i anelu at y tri. Roedd hi'n amlwg nad oedd y dihiryn yn poeni am yr ymwelwyr oedd yn hamddena yn y *plaza*. Gwelodd Gareth y tawelydd oedd ar flaen pistol y dihiryn. Ceisiodd y tri redeg i mewn i'r torfeydd ond fe waeddodd Alan.

'Na. Rhaid bod Bulova'n rhydd. Y ffordd hyn!' A throdd y ddau arall eu llygaid i gyfeiriad porth mawr yr eglwys a gweld y dorf yn symud wrth i ddynion eu gwthio o'r neilltu. Arhoson nhw ddim eiliad arall. Dilynon nhw Alan i orsaf y lein fach oedd yn arwain i lawr i odre'r mynydd uchel. Clywodd Gareth si o wynt yn pasio heibio i'w ben, ac un arall yn syth ar ei ôl. Gwthion nhw eu ffordd drwy'r dorf a chyn pen dim roedden nhw ar blatfform isel yr orsaf. Trodd Alan yn ôl a gwthio'r ddau arall o'i flaen gan weiddi:

'Am y twnnel! . . . y twnnel!'

Doedd dim ots 'da nhw am y teithwyr oedd yn edrych arnyn nhw'n geg-agored. Fe ddilynodd y ddau Alan o'r orsaf fach at geg ddu'r twnnel hanner canllath i ffwrdd. Wrth nesáu trodd Gareth a gweld y dynion yn eu dilyn ac ar fin saethu atyn nhw. Clywson nhw'r bwledi yn mynd heibio iddyn nhw fel gwenyn meirch. Aeth y tri i mewn i ganol y twnnel ac yna stopio i edrych yn ôl at y golau ac at y tri silwét oedd yn edrych i lawr y twnnel i'w cyfeiriad.

'O leiaf dŷn ni'n gallu eu gweld nhw'n dod drwy'r twnnel, felly mae'r fantais gyda ni, ond dim ond dros dro. Unwaith y daw Bulova atyn nhw fe wnaiff e'n siwr y bydd dau neu dri ohonyn nhw'n ein dilyn. Dewch! Ymlaen â ni at ben arall y twnnel.' Gwthiodd Alan y ddau arall o'i flaen.

Ond fentrodd dynion Bulova ddim i mewn i'r twnnel a'u dilyn. Yn sydyn teimlodd y tri y ddaear yn crynu a sŵn yn dod atyn nhw o gyfeiriad pen y twnnel roedden nhw'n ceisio ei gyrraedd.

'Rargian!' gwaeddodd Maureen, 'Mae 'na drên yn dod!'

9

Erbyn hyn roedd sŵn y tren yn annioddefol. Roedd llawr a waliau'r twnnel yn crynu wrth i'r anghenfil agosáu. Fe gydiodd ofn yn Gareth ac fe feddyliodd am fentro rhedeg yn ôl o flaen y trên. Roedd hi'n well trafod ei ddyfodol â Bulova na chyda'r anghenfil oedd yn prysur agosáu. Na! Panig oedd hyn i gyd. Fe dorrodd llais ar draws ei feddyliau.

'Does ond un peth amdani,' gwaeddodd Alan uwch y sŵn. 'Gorweddwch ar lawr y twnnel, rhwng y wal a'r lein.' Ac fe daflodd y ddau arall eu hunain i'r llawr cyn iddyn nhw gael amser i feddwl am ei orchymyn.

'Peidiwch â chodi'ch pennau. Peid. . .'

A dyna'r diwetha y clywson nhw o lais Alan. Roedd ei neges wedi ei cholli'n llwyr yn y sŵn byddarol. Pan ddaeth y trên bron uwch eu pennau doedd yr un ohonyn nhw'n gallu anadlu'n iawn gan y mwg a'r stêm. Ofnai Gareth fod ei ymennydd yn byrstio. Bu bron iddo godi yn ei banig wrth iddo gael ei daro gan nerth y stêm oedd yn saethu allan o'r injan wrth iddi basio uwch pennau'r tri. Fe deimlodd y tri ohonyn nhw'r gwres llethol a ddaeth o'r peiriant wrth iddo fynd heibio, ac fe gafodd y twnnel ei oleuo gan wawr goch.

Cyn pen dim roedd y sŵn a'r gwres wedi diflannu. Dim ond clic-clac olwynion y cerbydau y tu ôl i'r injan oedd i'w glywed. Dechreuodd y tri ohonyn nhw besychu'n gas. Doedden nhw ddim yn gallu gweld dim. Roedd y twnnel fel y fagddu gan stêm a mwg du. Cododd Maureen yn gyntaf mewn ofn a cheisio tynnu anadl gref i'w hysgyfaint. Ond ofer fu'r ymdrech ac fe dynnodd Alan hi i'r llawr unwaith eto.

'Cadwch yn isel, Maureen. Gadewch i'r stêm godi'n gyntaf. Fe gewch chi fwy o awyr yn agosach at y llawr,' gwaeddodd Alan ar y ddau. 'Fe fydd rhaid inni symud cyn gynted ag sy'n bosibl. Mae mantais 'da ni. Fe fydd Bulova a'i ddynion yn cael yr un drafferth â ni i weld drwy'r mwg.'

Aeth eiliadau heibio cyn iddyn nhw sylweddoli bod tipyn mwy o olau i'w weld wrth i'r trên gyrraedd gorsaf y lein fach. Cyn hir roedden nhw'n gallu gweld pen arall y twnnel.

'Dewch!' gwaeddodd Alan ar ôl i'r pesychu dawelu. 'Am agoriad y twnnel.'

Ac fe ddilynodd Gareth gan dynnu Maureen at y golau dydd oedd i'w weld yn y pellter. Prysurodd y tri dros gledrau'r lein at yr awyr iach a gwres yr haul. Ceisiodd Maureen redeg yn syth allan, ond fe gafodd ei thynnu'n ôl gan Alan.

'Na, Maureen,' rhybuddiodd Alan. 'Pwyll biau hi. Fe af fi allan gyntaf, rhag ofn fod dynion Bulova yno. Mae'n bosib bod 'na ffordd dros y bryn at y pen hwn o'r twnnel.'

Fe edrychodd e'n ôl gan wasgu Maureen a Gareth yn dynn at wal y twnnel. Cerddodd e'n ara deg at yr agoriad ac yna stopiodd cyn mentro allan. Edrychodd yn ôl i ben arall y twnnel.

'Does neb i'w weld,' meddai wrth y ddau arall a'i lais yn adleisio drwy'r twnnel. 'Ond arhoswch yna. Fe af i allan gyntaf rhag ofn iddyn nhw drefnu syrpreis inni. Fe fydd yn rhaid inni symud yn fuan iawn neu fe fyddwn ni wedi colli'r fantais a'r cyfle. . . Ond mae rhaid inni fod yn sicr. Arhoswch am eiliad.'

Ac fe adawodd e'r ddau gan fentro allan o'r twnnel yn araf ac edrych yn fanwl i bob cyfeiriad am ddilynwyr Bulova. Edrychodd hefyd i fyny at y creigiau ac i lawr y dibyn wrth ochr y lein. Fe ddefnyddiodd ei fraich i alw'r ddau allan o'r twnnel. Cymerodd hi eiliad neu ddwy iddyn nhw gyfarwyddo â'r heulwen llachar.

'Reit, ffrindiau. Mae popeth yn dawel yr ochr yma. Efalle fod Bulova'n meddwl ein bod ni wedi cael ein lladd gan y trên. . .'

Yr un foment fe glywson nhw gyfres o ergydion, bron yn ffrwydradau, yn dod o grombil y twnnel ac fe syrthiodd Alan i lawr wrth ochr y lein yn dal ei ysgwydd. Wrth iddo syrthio fe daniodd e ddau neu dri ergyd i mewn i'r twnnel.

'Cadwch yn isel!' Dechreuodd Maureen a Gareth redeg ato i'w helpu. 'Peidiwch poeni amdana i. . .'

Ond fe'i tynnon nhw fe o'r man agored o flaen y twnnel at ochr y lein lle roedd dibyn bach ac ychydig o fancyn yn arwain at goed olewydd. Yno fe rwygodd Maureen ddarn o'i sgert a'i roi ar glwyf Alan. Roedd Alan erbyn hyn rhwng cwsg ac effro.

'Gareth. Mae rhaid inni fynd â fe o'r fan hyn. . .' meddai Maureen. 'Dewch. Cydiwch. Fe awn ni i lawr i ganol y coed olewydd. . . o leiaf gawn ni gysgod a lloches yno, am ychydig. Helpwch e, Gareth.'

Ac fe dynnon nhw Alan i lawr y dibyn at gysgod y coed. Fe glywson nhw leisiau yn gweiddi drwy'r twnnel. Ac yna, tawelwch. Fe bwysodd Maureen Alan yn erbyn coeden. Edrychodd e arni hi â llygaid cwsg ac yna edrychodd i lawr ar ei glwyfau. Gwasgodd Maureen y darn defnydd yn gryfach ar ei glwyfau gyda'r bwriad o atal y gwaed. Agorodd Alan ei lygaid.

'Dw i ddim yn hoffi'r tawelwch,' sibrydodd. 'Maen nhw'n cynllunio rhywbeth. . .'

Edrychodd Gareth ar y tyllau yn ei ysgwydd. Erbyn hyn roedd e'n hanner ymwybodol eto ac roedd golwg welw ar ei wyneb. Edrychodd Maureen ar Gareth.

'Does dim ond un peth amdani. Mae rhaid inni chwilio am gymorth!'

* * *

Doedd Bulova ddim yn hapus o bell ffordd . Dim ond un peth oedd ar ei feddwl, dod o hyd i'r tri yna oedd bron yn ei feddiant, a thalu'r pwyth, ac am byth y tro hwn. Doedd e ddim yn credu am eiliad taw'r llyfr iawn oedd hwnnw daflodd Maureen ar y bwrdd yn wawdlyd wedi iddi hi eu clymu. Do. Fe gafodd ei wneud yn ffŵl gan y ferch a hynny o flaen ei bobl ei hunan.

'Fe daliff y diawliaid, peidiwch â phoeni.'

Ond doedd neb yn gwrando. Fe edrychodd ar ei ddynion yn sefyll wrth ei ochr fel asynnod yn aros am orchmynion mewn ras dywod ar draethau'r haf. Fe gawson nhw eu dihuno gan ei weiddi.

'I mewn i'r twnnel, y twpsod. . . i mewn ar eu holau. . . A dewch â'r tri yn ôl ata i i'r fan hyn. . . fe gân nhw wybod beth yw dial!'

Rhedodd y dynion i mewn i'r twnnel ac yn fuan diflannon nhw o olwg Bulova oedd yn cerdded yn ôl ac ymlaen yn berwi yn ei natur. Fe glywodd e'r saethu ynghyd â phawb arall oedd yn agos i'r twnnel. Gwenodd Bulova.

'Dyna welliant.'

Yn sydyn daeth 'na sŵn arall o grombil y twnnel ac fe welodd ei ddynion yn rhedeg yn ôl ato.

'Cerwch 'nôl y diawliaid. . . Yn ôl.' Bu bron iddo ddawnsio yn ei gasineb at ei ddynion.

Fe gyrhaeddon nhw bron yr un pryd.

'Ewch yn ôl, Bos. . . Ewch yn ôl. Mae 'na drên yn dod. . .' A bu bron i Marcel, ei was ffyddlon, gwympo wrth ei draed gan ofn.

'Trên. . . O Na. . . Mae hyn yn annioddefol. . .' Edrychodd Bulova i'r nef fel petai'n disgwyl maddeuant a chymorth.

Fe redon nhw'n ôl i'r terminws. Erbyn hyn roedd un o aelodau'r Guardia Civil wedi ymddangos. Rhuthrodd drwy'r dorf at Bulova a'i ddynion. Dechreuodd ddweud rhywbeth ond cyn iddo gael ei eiriau allan yn iawn fe daniodd Bulova ei wn ac fe gerddodd y plismon yn gegagored at Bulova cyn syrthio'n farw i'r llawr.

'Tyrd, Marcel,' gwaeddodd Bulova, 'mae'n rhaid cyrraedd ochr arall y mynydd cyn gynted ag sy'n bosibl. . . Mae rhaid i fi gael gafael yn y. . .'

Ond orffennodd e mo'i eiriau. Wrth i'r bobl wasgaru fe ddaeth y *plaza* o flaen yr eglwys yn glir o flaen eu llygaid a thri aelod arall o'r Guardia Civil yn carlamu atyn nhw a'u drylliau'n barod.

'Dewch!' gwaeddodd Bulova. 'At y ceir. . . Sanchez! Vila! Arhoswch yn fan hyn. Cadwch y diawliaid yn brysur. Fe ddown ni'n ôl â help ichi'n fuan iawn.'

Ond doedd dim bwriad gan Bulova i'w helpu. Pan gyrhaeddodd y ddau eu car fe neidiodd Marcel i'r sedd yrru a chyn pen dim roedd y car wedi ymadael â'r *plaza* ac roedd y ddau Sbaenwr oedd wedi bod yn amddiffyn Bulova ar eu pennau hunain yn erbyn awdurdodau milwrol Sbaen. Fe yrrodd Marcel fel ffŵl ar y ffordd oedd yn arwain at waelod y mynydd uchel. Tynnodd Bulova radio allan.

'DC5. . . DC5. . . DC5. Wyt ti'n fy nghlywed i? . . . Trosodd.'

Ni chafodd unrhyw ateb, ac fe siaradodd i'r teclyn yr eilwaith wrth i Marcel roi ei droed ar y sbardun. Wrth fynd rownd i'r corneli roedd y teiars yn sgrechian. Yn sydyn daeth llais dros radio Bulova, ond yn dameidiol ac yn diflannu o bryd i'w gilydd.

'Damia'r mynyddoedd!' gwaeddodd Bulova. Fe siaradodd i'w radio eto. 'DC5. . . DC5. . . Wyt ti'n fy nghlywed i. . . Trosodd.'

Daeth 'na lais dros y cracellu diflas.

'Ydw. . . Ydw. . . ! Yn iawn. . . er yn wan. Beth yw'ch dymuniad. . . ? Trosodd.'

'Dewch â hofrennydd ar unwaith. . . Hofrennydd! Ie! . . . HOFRENNYDD. Rydyn ni ar ein ffordd i lawr o fynydd Monserrat. . . Ie. Monserrat. Rydych chi'n 'nabod y car. Gwnewch eich hunan yn amlwg ac fe drefnwn ymhellach. . . Trosodd.'

Ac fe gyflymodd eu car tua gwaelod y mynydd i gwrdd â'r hofrennydd. Roedd Bulova yn gwenu wrth feddwl am y syrpreis i'r tri. Dianc! Roedd y peth yn amhosibl. Wrth iddyn nhw wibio i lawr y ffordd droellog fe glywson nhw geir eraill yn dod atyn nhw gan ganu eu cyrn. Ond roedd y ddau yn hapus, ac roedd hyd yn oed Marcel yn hymian alaw ddigon llon.

*   *   *

Fe edrychodd Gareth arni.

'Sut ar y ddaear allwn ni ddod o hyd i help, Maureen. . . ? Er mwyn y nefoedd. . . !'

Trodd Maureen arno.

'Gareth. Mae Alan wedi ei glwyfo'n gas. Mae rhaid inni wneud rhywbeth. Ac mae rhaid inni feddwl am ddianc rhag Bulova a'i ffrindiau. Dŷn nhw ddim yn mynd i golli eu gafael arnon ni nawr. Rydyn ni mewn twll, Gareth, ac mae'n rhaid i chi wynebu'r peth.' A thynnodd hi fe i'r naill ochr, o glyw Alan. 'Gareth. Mae e'n colli lot o waed. Mae rhaid i fi fynd. . .'

'Mae rhaid i chi fynd, oes e?'

'Gareth. Er mwyn y nefoedd! Nid chwarae plant mo hyn!' Ac yna'n fwy tyner: 'Gareth. Dw i'n gwybod eich bod chi wedi cael eich taflu i mewn i'r busnes 'ma, ond mae rhaid ichi ddeall. Mae Bulova o ddifrif. Maen nhw eisiau cael yr wybodaeth o'r llyfr. Stopian nhw ddim nes cael hyd i'r wybodaeth honno. Mae Alan wedi ei glwyfo'n gas felly mae'r ddau beth yn bwysig, cael help gan ein hasiantaeth a chael Alan i le diogel.'

Fe edrychodd Gareth ar Alan. Roedd ei wedd wedi newid ychydig. Trodd at Maureen.

'Beth ych chi am i fi wneud?'

Roedd Maureen yn benderfynol.

'Arhoswch chi fan hyn a pheidiwch â thynnu sylw. Dim ond gofalu am Alan. Ceisiwch ffeindio lloches. . . Fe af fi i chwilio am help. Dw i'n eitha cyfarwydd â'r ardal yma!' Ac fe ddangosodd ei phistol iddo gan wenu. 'Ac mae hwn yn ffrind da i fi hefyd! Rhaid i fi fynd. . .'

Ac fe redodd hi i ffwrdd fel petai hi mewn marathon. Plygodd Gareth wrth ochr Alan.

'Alan. Mae Maureen wedi mynd i nôl help. Fe fyddwch chi'n iawn cyn bo hir.'

Fe agorodd Alan ei lygaid, am eiliad fe dorrodd gwên dros ei wyneb ac yna syrthiodd yn ôl yn anymwybodol. Teimlai Gareth yn unig iawn. Fe wnaeth e Alan mor gysurus ag y gallai ac yna eisteddodd wrth ei ochr. Edrychodd i fyny at y twnnel ond doedd neb i'w weld. Roedd y gwres yn llethol erbyn hyn. Edrychodd ar ei wats. Roedd hi bron yn ganol dydd. Roedd hyd yn oed y cicadas wedi tewi yng ngwres yr haul.

Fe glywodd Gareth swn ochenaid gan Alan eto ac edrychodd arno. Agorodd llygaid Alan.

'Peidiwch chi â phoeni am Maureen, Gareth. . . Fe fydd hi'n iawn. Rŷn ni wedi bod mewn gwaeth picil na. . . hwn. . . Fe. . . ddaw. . . hi'n. . . ôl. . . peidiwch. . .' Ac fe ddisgynnodd unwaith yn rhagor i drymgwsg annaturiol.

Teimlai Gareth yn isel. Roedd rhaid iddo aros yn y fan yna, neu allai Maureen ddim dod o hyd iddynt. Edrychodd e ar ei wats. Roedd awr wedi mynd heibio. Oedd hi wedi cael ei dal gan Bulova? Fe gododd syched ar Gareth ac roedd e'n siwr fod Alan yn sychedig hefyd. Fe adawodd e Alan a dechrau chwilio am nant neu ffynnon er mwyn torri eu syched yn y gwres llethol a'r lleithder.

Wrth iddo ddilyn rhediad y tir, fe ddaeth ar draws ffynnon fach rhwng y coed â'i dŵr yn tarddu o graig. Penliniodd a drachtio'n hir o'r dŵr oer, croyw oedd fel gwin oer iddo. Yn sydyn meddyliodd am Alan. Sut ar y ddaear roedd e'n mynd i flasu'r dŵr?

Ond cyn iddo feddwl mwy am y broblem honno fe glywodd sŵn injan yn dod o'r awyr ynghyd â gwynt nerthol. Edrychodd i'r awyr ac fe welodd hofrennydd uwch ei ben. Maureen! Fe redodd yn ôl at Alan a phan gyrhaeddodd e'r fan lle roedd Alan yn pwyso yn erbyn coeden fe waeddodd:

'Alan! Alan! Mae popeth yn iawn. Mae Maureen wedi dod o hyd i help. Dyna hi!'

Agorodd Alan ei lygaid, er yn wanllyd, a gwenu gwên fach. Erbyn hyn roedd yr hofrennydd yn hofran uwch pennau'r ddau. Rhedodd Gareth allan o gysgod y coed gan chwifio ei freichiau i ddangos i Maureen lle roedden nhw'n cysgodi. Roedd yr hofrennydd yn hofran yn isel ac yn amlwg yn ceisio glanio mewn lle diogel. Yn sydyn fe stopiodd Gareth chwifio. Yno bron yn hongian allan o gabin yr hofrennydd roedd dyn â phistol Uzi yn ei law, a hwnnw'n pwyntio i lawr ar Gareth. Roedd gan y dyn mawr hwn wên ddilornus ar ei wyneb. Teimlodd Gareth ei goesau'n troi'n ddŵr pan welodd e wyneb bodlon Bulova.

Y syniad cyntaf a ddaeth i feddwl Gareth oedd rhedeg. Ond sut y gallai wneud hynny ac Alan yn gorwedd yn hanner ymwybodol o dan y goeden? Yna fe daniodd Bulova a neidiodd y pridd o gwmpas traed Gareth. Rhedodd Gareth at Alan a cheisio'i godi a'i symud o olwg yr hofrennydd a'r dyn gorffwyll oedd yn ceisio eu lladd. Er holl ymdrechion y peilot i geisio glanio'n agos atynt, ofer oedden nhw oherwydd agosrwydd y coed. Roedd hi'n amlwg bod ofn arno fod yn fwy mentrus. O bryd i'w gilydd roedd yn rhaid i Gareth roi un llaw dros ei lygaid rhag yr haul tanbaid, er mwyn gweld yn glir beth oedd yn digwydd yn yr awyr uwchben. Fe geisiodd Alan godi ac fe lwyddodd i gael ei fraich dda dros ysgwydd Gareth. Roedd Alan wedi sylweddoli beth oedd yn digwydd ac fe ddaeth nerth o rywle.

'Gareth. Damia'r Bul. . . ova. . .'na. Awn i lawr. . . y mynydd a cheisio. . . dod o hyd. . . i guddfan. . .'

Ond roedd yr ymdrech yn ormod iddo ac fe lewygodd unwaith yn rhagor. Cododd Gareth ei ben eto ond rhwng y llwch oedd yn codi o'r ddaear, a'r

haul tanbaid roedd hi'n anodd gweld yn glir i'r awyr.
Fe welodd e Bulova yn edrych i lawr, yn troi at y peilot
ac yna yn troi ei olwg yn ôl at y ddaear. Wrth i'r
hofrennydd droi unwaith yn rhagor er mwyn chwilio
am le i lanio, roedd yr olwg ar wyneb Bulova'n dweud
y cyfan. Bu bron i Gareth feddwl iddo fe glywed ei
lais ffiaidd yn cario dros y sŵn i lawr atyn nhw drwy'r
awyr. Trodd yr hofrennydd ac fe anelodd Bulova ei
wn atyn nhw eto ond chlywodd Gareth mo'r tanio na'r
bwledi. Fe ddaeth Alan ato'i hun eto.

'Dewch Gareth. Un ymdrech eto. Draw at y coed
yna. . . Mae'r cyfan yn dibynnu ar Maureen nawr. . .'

Stopiodd Gareth o dan goeden ac edrychodd ar
glwyfau Alan. Roedd e'n colli llawer o waed o hyd.
Byddai rhaid iddo weld meddyg cyn hir. Roedd Gareth
hefyd yn poeni am Maureen. Beth oedd wedi digwydd
iddi? Oedd hi wedi cael ei dal. . . neu ei lladd? Erbyn
hyn roedd Bulova wedi sylweddoli nad oedd hi'n
bosibl gweld y ddau a'i bod hi'n anobeithiol i'r
hofrennydd lanio.

Yn sydyn fe glywodd Gareth sŵn tebyg i bistol Uzi
Bulova yn saethu am amser hir. Fe edrychodd ar Alan
ond roedd e o hyd yn anymwybodol. Tybed a oedd
Bulova'n saethu'n wyllt i bob cyfeiriad gan obeithio
lladd y ddau? Daeth sŵn saethu cyflym eto, ond nid o
gyfeiriad yr hofrennydd. Edrychodd Gareth i lawr y
mynydd. Ar yr un pryd newidiodd sŵn injan yr
hofrennydd o'r fflic-fflac normal i ryw gwynfan uchel
iawn. Edrychodd Gareth i fyny drwy fwlch yn y dail a
gweld yr hofrennydd yn mynd rownd a rownd mewn

cylch fel petai'r peilot wedi colli rheolaeth. Roedd ffenest flaen yr hofrennydd yn dyllau mân ac roedd rhagor o dyllau yn ymddangos bob eiliad ac ymhen ychydig roedd y ffenest yn deilchion. Allai'r peilot ddim gweld dim drywddi. Roedd Bulova i'w weld bob hyn a hyn fel ceffyl ffair, wrth i'r hofrennydd droi a throi. Gyda hyn fe neidiodd Gareth i fyny gan weiddi'n watwarus:

'Ble mae'ch ymbarél chi nawr, Bulova? Dewch ymlaen! Defnyddiwch e fel parasiwt. . . Dere mlaen, Bulova!'

Roedd Gareth fel dyn gwyllt yn gweiddi ar Bulova. Cododd cwynfan yr injan yn sgrech angheuol. Roedd y peilot wedi colli pob rheolaeth ac fe drodd yr hofrennydd fel top allan o olwg y ddau a diflannu dros y mynydd uwch eu pennau. Am eiliad neu ddwy aeth popeth yn dawel. Roedd hyd yn oed yr adar wedi tewi. Ac yna. . . sŵn fel taran yn y pellter. Fe redodd Gareth at le mwy agored yn y coed a gweld mwg du yn codi i'r awyr lle y diflannodd yr hofrennydd. Ai dyna ddiwedd Bulova? Pwy oedd wedi saethu at yr hofrennydd? Maureen?

Roedd rhaid cael help i Alan. Edrychodd Gareth arno a phenlinio wrth ei ochr.

'Alan! Alan!' Fe agorodd Alan ei lygaid. 'Mae'r cyfan drosodd. Rydyn ni'n ddiogel. Mae Bulova wedi'i ladd. Fydd dim eisiau ymbarél na llyfr arno fe, lle mae e wedi mynd!' Ac fe chwarddodd Gareth wrth iddo ddechrau tynnu Alan i lawr at waelod y mynydd ac allan o'r coed.

'Gareth!. . . Gareth! . . . Alan! . . . Alan! . . .
Edrychodd Gareth i lawr y mynydd i gyfeiriad y llais.
Yn dringo i fyny drwy'r coed nerth ei thraed roedd
Maureen a chriw o ddynion yn cario pistolau tanio
cyflym Uzi. Doedd dim rhaid i'r un ohonyn nhw
ddweud dim. Fe edrychodd Gareth arni hi'n agosáu.
Rhedodd Maureen at y ddau gan ei thaflu ei hun atyn
nhw a'u cofleidio. Roedd y tri wedi llwyr ymgolli yn
eu llawenydd.

10

'**A**R ÔL IMI eich gadael yn y coed, fe redais i lawr y mynydd nes dod at yr orsaf fach sy wrth droed mynydd Monserrat. Fe ffoniais am help yn syth ond roedd rhaid i fi aros nes i'n pobl ddod. Daethon ni i fyny'r mynydd i chwilio amdanoch chi cyn gynted ag roedd hi'n bosibl. . .'

'Ond Maureen,' mentrodd Gareth.

'Gareth!' atebodd Maureen gan wenu. 'Ydych chi'n barod i wrando ar fy stori neu beidio? . . . Fe a i ymlaen 'te! Wel. Pan oedden ni bron â chyrraedd y man lle roeddwn i'n tybio eich bod chi, fe welson ni hofrennydd yn hedfan yn isel uwchben y coed. Wrth nesáu fe glywson ni sŵn saethu. Doedd dim rhaid i neb ddweud wrthon ni pwy oedd yn saethu nac at bwy. . . Wel, rych chi'n gwybod popeth arall.'

'Ie!' meddai Alan, 'a diolch i ti, Maureen, ein bod ni i gyd yma'n ddiogel.'

'Clywch! Clywch!' gwaeddodd Gareth. 'A bod y fformiwla'n ddiogel wedi'r cyfan!' Fe ddaeth tawelwch dros y 'stafell ac edrychodd Maureen ar Alan. Teimlai Gareth fod rhywbeth o'i le. 'Ie? Wel? Beth sy'n bod? Mae'n wir on'd yw hi? Mae'r fformiwla'n saff?'

'Ydy. . . Ydy, Gareth.'

Ond doedd dim llawer o argyhoeddiad yn llais Alan, a daeth rhyw olwg o embaras dros ei wyneb. Fe dorrodd llais Maureen ar y cyfan.

'Codwch eich gwydrau. . . Gwyliau hapus i Gareth!'

Yn betrus fe gododd y tri eu gwydrau. Fe ddaeth tawelwch anghysurus yn ôl i'r ystafell unwaith yn rhagor. Roedd llawer o gwestiynau gan Gareth. Cwestiynau oedd wedi bod yn corddi ynddo er iddyn nhw gyrraedd ei westy ar lan y môr ger Barcelona. Cerddodd Gareth at y ffenestr ond doedd e ddim yn gallu mwynhau'r olygfa hardd. Trodd at y ddau.

'Mae un peth wedi bod yn fy mhoeni ers amser. . . ynglŷn â'r fformiwla. Mae'n siwr gen i fod 'na well ffyrdd o sicrhau diogelwch y fformiwla na'r un ddefnyddioch chi. . . Hynny yw, anfon hen ddyn ar draws y byd â'r llyfr pwysig ynghyd â'r fformiwla yn ei feddiant. Dyn a oedd yn bwysig yn ei faes, yn wir yn rhy bwysig i'w roi mewn sefyllfa beryglus fel y gwnaethoch chi.'

Eisteddodd Maureen ac edrychodd Alan arni. Nodiodd ei phen ato. Dechreuodd Alan siarad.

'Gareth. Dw i'n gwybod eich bod chi wedi cael y stori gan Maureen. . . wel, o leiaf, peth o'r stori. . . Na! Na! Gareth. Gadewch i fi ddweud fy nweud. Peth o'r stori. Nid y gwir i gyd. Do, fe gafodd Kinsella ei ddefnyddio gan yr asiantaeth. Oedd, roedd hi'n risg, ond roedd Kinsella yn barod i'w chymryd er mwyn inni ddelio â Bulova unwaith ac am byth. Mae Bulova wedi achosi problemau enbyd i'r asiantaeth ers llawer blwyddyn. Wrth gydweithio â barwniaid cyffuriau'r byd mae e wedi creu helynt byd-eang, ac roedd hi'n bryd i rywun roi stop ar ei ddrygioni.'

Fe dorrodd Maureen i mewn.

'Fe ddigwyddodd cyfres o bethau annisgwyl. Ar y dechrau doedd dim llawer o le 'da ni i boeni am y llyfr, gan nad oedd y fformiwla iawn ynddo. Roedd 'na un elfen yn eisiau. Y bwriad oedd ceisio denu Bulova allan er mwyn ei ddal. Ond fe ddaethoch chi i mewn i'r senario ac roedd rhaid cynllunio eto ar frys, gan nad oedden ni'n siwr pwy oeddech chi. . .'

'Reit!' meddai Gareth yn benderfynol â thymer yn ei lais, 'ond fe gawsoch chi gyfle i gael y llyfr yn ôl a chael Bulova ar yr un pryd yn Limoges. . .'

'Mae hynny'n wir,' atebodd Alan, 'ond doedd dim syniad 'da ni beth oedd eich rhan chi yn hyn oll. Oeddech chi'n gweithio i grŵp arall oedd â diddordeb yn y fformiwla neu yn Kinsella ei hun? Oedd y llyfr yn eich meddiant? Doedden ni ddim yn siwr ai chi oedd wedi lladd Kinsella. Wydden ni'n iawn am ymbarél gwenwynig Bulova. Ond doedd e ddim eisiau lladd Kinsella. Roedd yr hen foi yn mynd i fod yn ddefnyddiol iddo. Felly pwy oedd wedi ei ladd? Roedd cwestiynau heb eu hateb gennym ni hefyd. Roedd hi'n amlwg eich bod chi yn nwylo Bulova pan ddes i i mewn i'r 'stafell yn Limoges.'

'Ac roedd rhaid i Alan sicrhau eich annibyniaeth chi,' ychwanegodd Maureen. 'Ai asiant grŵp arall oeddech chi neu dwrist cyffredin oedd wedi cael ei dynnu i mewn i'r busnes yn anfwriadol?'

'Felly pan ddes i ar eich traws chi yn Limoges,' meddai Alan, 'fe deimlais i taw'r olaf o'r ddau oeddech chi. Ond doeddwn ni ddim mor siwr pan ddiflansoch chi o'r bwyty. . . Dyna chi wedyn yn osgoi Bulova yn yr orsaf a minnau'n eich colli chi. Pan aethon ni i'ch 'stafell chi yn y San Domingo, nôl y llyfr er mwyn eich cadw chi draw o ddwylo Bulova oedd y bwriad. . . ond fe drodd y cyfan eto pan gyrhaeddodd y gwalch y gwesty a gwneud ymholiadau amdanoch chi. . . Wel, rydych chi'n gwybod y cyfan wedyn.'

'Ond mae rhaid i chi ddeall, Gareth. . . Eich bywyd chi oedd bennaf ar ein meddyliau. . .'

'Dw i'n teimlo imi gael fy nefnyddio. . .' oedd ateb Gareth. 'Doedd dim pwrpas imi ddod â'r llyfr ichi, Maureen. Roeddech chi wedi rhoi fy mywyd yn y fantol gyda Bulova. . . Dyna beth sy'n. . .'

'Ond er eich lles chi y gwnaethon ni'r cyfan, Gareth,' meddai Maureen. 'Ble oeddech chi ar ôl helyntion Limoges? Roeddech chi wedi diflannu oddi ar wyneb y ddaear. . . A phan gyrhaeddoch chi fy fflat, roeddwn i'n meddwl taw fy lladd i oedd eich bwriad. . . Ar ôl eich achub chi o ddwylo Bulova yn y gwesty, roedd rhaid i mi ufuddhau i orchymyn Bulova i fynd â chi i Monserrat. Cofiwch! Roedd bywyd Alan yn y fantol hefyd.'

Doedd Gareth ddim yn gwybod beth i'w gredu. Bu tawelwch am hir amser. Ac yna meddai Maureen:

'Dewch, Gareth. Mae popeth wedi troi allan yn iawn. Mae'r llyfr a'r fformiwla, wel, nid cweit y fformiwla i gyd, yn ôl yn ein meddiant, ac yn fwy pwysig na dim, mae Bulova wedi diflannu oddi ar wyneb y ddaear. Fe a'i ymbarél. Ddaw e ddim i'n poeni ni eto. Ac fe fydd y byd yn fwy diogel o'i golli.'

'Ie,' meddai Alan, 'ddaw e byth yn ôl i greu anhrefn eto.'

Torrodd caniad y ffôn ar draws eu sgwrs. Cododd Alan y derbynnydd. Siaradodd e ddim, ac wrth wrando daeth newid dros ei wyneb. Rhoddodd e'r ffôn i lawr yn ei gawell a throi at Maureen a Gareth.

'Maen nhw wedi dod o hyd i'r hofrennydd yn y mynyddoedd. . . ond. . .' Doedd e ddim yn gallu cael y geiriau allan '. . . dim ond un corff oedd yn yr hofrennydd. . . Corff y peilot!'

Mwy o lyfrau difyr o'r Lolfa!

ANDROW BENNETT
Dirmyg Cyfforddus

Ar wyliau yng Nghymru y mae Tom pan ddaw ar draws Anna,
Americanes nwydus, dinboeth yn wir. . . Ie, hon yw hi – y nofel
erotig gyntaf yn Gymraeg! Beth bynnag arall y gellir ei ddweud
amdani, y mae'n hynod ddarllenadwy. . .
£6.95   0 86243 325 8

ANDROW BENNETT A ROBERT CROFT
Dyddiadur Troellwr

Dyddiadur un tymor – digon aflwyddiannus – yng ngyrfa un o
gricedwyr ifainc mwyaf addawol tîm Morgannwg. Gan nad
clochdar buddugoliaethus sydd yma dyma lyfr anghyffredin yn ei
faes ac mae'r elfen o hunan-ddadansoddiad yn ei godi uwchben sawl
llyfr o'r fath yn Saesneg.
£5.95   0 86243 358 4

MARTIN DAVIS
Brân ar y Crud

Pwy sydd ag achos i ddial ar y Cynghorydd Ted Jevans, un o bileri'r
gymdeithas? Wrth ddadlennu'r ateb mae'r awdur yn codi'r llen ar fyd
tywyll, bygythiol yn llawn cyfrinachau rhywiol. . .
£5.95   0 86243 350 9

ELIS DDU
Post Mortem
Gwledigaeth uffernol o ddoniol o'r Gymru Hon – yn llythrennol felly: campwaith unigryw sy'n siŵr o ennyn ymateb o Fôn i Fynwy!
£5.95   0 86243 351 7

LYN EBENEZER
Noson yr Heliwr
Cyfres Datrys a Dirgelwch
Pan ddarganfyddir corff myfyrwraig ger yr harbwr yn nhref brifysgol, Aber, mae'r Athro Gareth Thomas yn cynnig helpu'r Arolygydd Noel Bain i ddod o hyd i'r llofrudd. Nofel o'r ffilm o'r un enw.
£5.50   0 86243 317 7

HARRI GWYNN
Rhwng Godro a Gwely
Helyntion ym mywyd ffermwr a'i deulu estynedig o wraig, mab ac amrywiol anifeiliaid gyda chartwnau gan Elwyn Ioan. Cyhoeddwyd yn *Y Cymro* rhwng 1952 a 1959 ond nid ydynt wedi colli dim o'u ffresni.
£6.95   0 86243 323 1

MABLI HALL
Ar Ynys Hud
Dyddiadur Cymraes ifanc sy'n mynd i weithio mewn gwesty ar Ynys Iona. Ychwanegir at naws hudolus y gwaith gan luniau pin-ac-inc Arlene Nesbitt.
£4.95   0 86243 345 2

MELERI WYN JAMES
Stripio
Casgliad o storïau bachog, tro-yn-y-gynffon gan awdur ifanc, newydd.
£4.95   0 86243 322 3

TWM MIALL
Cyw Dôl
Crwydra Bleddyn o fflat i fflat, o swyddfa dôl i swyddfa post, o'r New Ely i'r Claude, o Nerys i Karen, ond nid yw'n hapus, hyd yn oed ar ôl iddo lwyddo i gael gwaith fel garddwr gyda Mrs Maelor Jones, y wraig "cachu posh Cymraeg". Dilyniant i *Cyw Haul* a sylfaen i sioe lwyddiannus gan Bara Caws. Ailargraffiad 1995.
£5.95   0 86243 229 4

TWM MIALL
Cyw Haul
Nofel liwgar, wreiddiol am lencyndod mewn pentref gwledig ar ddechrau'r saithdegau. Braf yw cwmni'r hogia a chwrw'r Chwain, ond dyhead mawr Bleddyn yw rhyddid personol. . . Clasur o lyfr o ysgogodd sioe lwyfan a ffilm deledu. Ailargraffiad 1994.
£4.95   0 86243 169 7

MIHANGEL MORGAN
Saith Pechod Marwol
Cyfrol o straeon byrion hynod ddarllenadwy. Mae'r arddull yn gynnil, yr hiwmor yn ffraeth ond yna'n sydyn sylweddolwn nad yw realiti fel yr oeddem wedi tybio o gwbwl. . . *Rhestr Fer Llyfr y Flwyddyn 1994.*
£5.95   0 86243 304 5

ELERI LLEWELYN MORRIS
Genod Neis
Dwsin o straeon syml, crefftus. Mae gan y cymeriadau eu hofnau a'u siomedigaethau ond mae ganddynt hefyd hiwmor ac afiaith iachus. . .
£4.95   0 86243 293 6

JOHN OWEN
Pam Fi, Duw, Pam Fi?

Darlun, trwy lygaid disgybl, o fywyd yn un o ysgolion uwchradd
dwyieithog de Cymru; yr iaith mor *zany* â'r hiwmor, ond y mae yna
ddwyster a thristwch hefyd. *Enillydd Gwobr Tir na n-Og 1995.*

ANGHARAD TOMOS
Titrwm

Nofel farddonol am ferch fud-a-byddar sy'n ceisio mynegi
cyfrinachau bywyd i'r baban sydd yn ei chroth. . .
£4.95

0 86243 324 X

URIEN WILIAM
Cyffur Cariad

Cyfres Datrys a Dirgelwch
Mae Lyn Owen, swyddog tollau, yn ymholi i mewn i farwolaeth
amheus merch a garai, a'r ymchwil yn ei arwain i'r Andes, ac i
borthladdoedd lliwgar Cyprus. . .
£4.95

0 86243 371 1

MARCEL WILLIAMS
Cansen y Cymry

Nofel hwyliog wedi'i lleoli yng nghefn gwlad Cymru pan oedd
gormes y *Welsh Not* ac arolygwyr ysgolion fel y merchetwr Matthew
Arnold yn dal yn hunllef byw. . .
£4.95

0 86243 284 7

EIRUG WYN
Smôc Gron Bach

Mae criw o wŷr busnes am chwalu rhes o dai er mwyn codi stiwdio
deledu: nofel gyffrous sydd hefyd yn trin y gwrthdaro rhwng
safonau hen a newydd. . . *Gwobr Goffa Daniel Owen 1994.*
£4.95

0 86243 331 2

Dim ond detholiad bach iawn sydd yma o blith nifer fawr o
lyfrau yr ydym yn eu cyhoeddi. Am restr gyflawn o'n holl
lyfrau llenyddol a chyffredinol mynnwch gopi o'n Catalog
newydd, lliw-llawn, 48-tudalen. Mae'n rhad ac am ddim ac
ar gael gyda throad y post!

Talybont Ceredigion Cymru SY24 5HE
e-bost ylolfa@netwales.co.uk
y we http://www.ylolfa.wales.com/
ffôn (01970) 832 304
ffacs 832 782